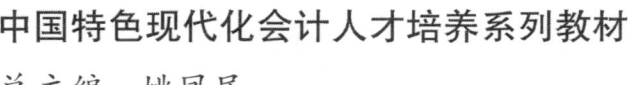

中国特色现代化会计人才培养系列教材

总主编 姚凤民

财智睿读

《审计学》学习指导

主　编◎张　丽
副主编◎郭　晨　马玉娟　彭司晨　周　群

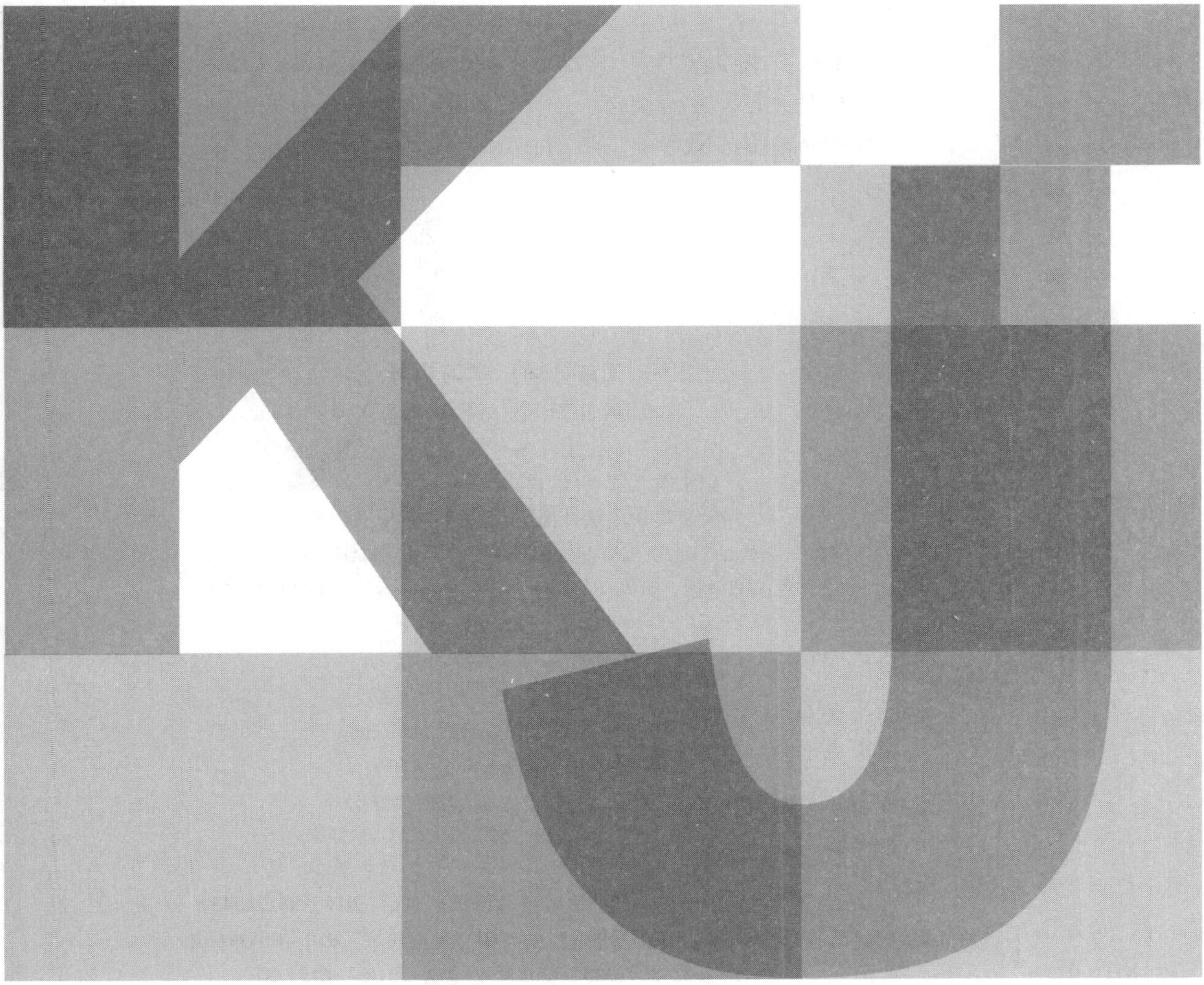

中国财经出版传媒集团

经济科学出版社

·北京·

图书在版编目（CIP）数据

《审计学》学习指导 / 张丽主编；郭晨等副主编. — 北京：经济科学出版社，2025.1. — （中国特色现代化会计人才培养系列教材）. — ISBN 978-7-5218-6664-3

Ⅰ. F230.9

中国国家版本馆 CIP 数据核字第 2025HD3506 号

责任编辑：李一心
责任校对：齐　杰
责任印制：范　艳

《审计学》学习指导
〈SHEN JI XUE〉XUE XI ZHI DAO

主　编　张　丽
副主编　郭　晨　马玉娟　彭司晨　周　群

经济科学出版社出版、发行　新华书店经销
社址：北京市海淀区阜成路甲28号　邮编：100142
总编部电话：010-88191217　　发行部电话：010-88191522
网址：www.esp.com.cn
电子邮箱：esp@esp.com.cn
天猫网店：经济科学出版社旗舰店
网址：http://jjkxcbs.tmall.com
北京季蜂印刷有限公司印装
787×1092　16开　9.25印张　165000字
2025年1月第1版　2025年1月第1次印刷
ISBN 978-7-5218-6664-3　定价：28.00元
（图书出现印装问题，本社负责调换。电话：010-88191545）
（版权所有　侵权必究　打击盗版　举报热线：010-88191661）
QQ：2242791300　营销中心电话：010-88191537
电子邮箱：dbts@esp.com.cn

总　序

中国史前人类创造计量记录符号的现实目标，是中国会计产生的历史起点[①]。可见，会计与人类社会的发展共生共存共进，会计学是人类历史上较为古老的知识体系，其知识谱系与方法的演进体现了人类生产的进阶与文明的进步。因此，会计人才的培养在任何时期都承载着其特有的历史使命。当今随着AI、大数据、云计算、区块链的赋能，会计逐步转向共享会计、智慧会计、数字会计，社会需要越来越多适应新时代要求的会计人才，这对会计人才培养提出了新要求、新挑战、新使命。如何提高会计人才培养质量，满足社会需求，已成为新时代我国会计教育所面临的重要任务。

会计教育的本质并非是单一的知识点传授，更是一种思维能力、跨学科能力、综合应用能力的培养；会计不仅仅是专业培养，更是一种职业教育，是技术含量非常高的、专业化的职业。面对当下复杂市场交易的世界以及数智技术的发展，会计人才培养应以提高系统能力与创新能力为目标，培养学生综合的会计思维与能力、数据思维与能力等，从而帮助其具备决策与创造价值的能力。会计人才能力培养的核心是会计相关课程，而课程的载体是教材，教材成为了人才培养的纽带。因此，编写能够满足社会需求和适应数智时代要求的教材是新时代给我们提出的新命题。一直以来，大多数会计类教材内容完整全面但略为繁杂，对民办高校本科学生来说存在着一些瓶颈性的学习困境。如何使"曼妙而充满魅力"的会计科学知识通过教材让教师简而精地教，让学生轻松愉快地学，同时增进学生对主动深入学习会计知识的浓厚兴趣，逐步引导其具有系统能力与创新能力，这应是当下会计教育实践中所追求的。

基于此，广州华商学院会计学院始终关注会计自动化和智能化、信息化和数据化、共享化和标准化的变革趋势与技术发展方向，在不断优化课程设置的基础上，组织编写了《中国特色现代化会计人才培养系列教材》。该系列教材的编写本着以下原则与理念：

1. 教材呈现内容更新。在教材内容上与时俱进，反映制度最新的变化以及领域最新的内容，例如反映最新的会计准则及会计法、公司法，适应新的会计准则要求和实际业务需求；反映企业数据资源相

[①] 郭道扬：《中国会计通史》第一册，中国财政经济出版社2023年版，第3页。

关会计处理，适应数字经济发展的需要；反映税法的最新变化，提升学生到岗后的宏观环境适应能力等。教材内容多维度呈现了会计专业领域的"现代化"元素。

2. 教材突出秉纲执本。"秉纲而目自张，执本而末自从"，本次教材的编写本着少而精的原则，突出重点，纲举目张。通过压缩教材内容"厚度"或"容量"，为学生留有更多的自主学习时间；通过教材内容的精，围绕能力提升而教，促使学生的提升自主学习能力。另外，本系列教材内容融入了思政元素，培养学生的家国情怀、诚信职业道德与法治意识。

3. 教材内容深入浅出。本系列教材通过知识逻辑结构图、引导案例、延伸阅读等方式体现循序渐进，由浅入深，尽量做到通俗易懂与生动有趣。特别是通过引导案例解读抽象的内容，变得更易掌握内容的逻辑或勾稽关系，更容易正确理解和把握其内容实质。

4. 教材突出基本训练。强化知识的掌握与技能的提升是教材的基本目标，教材不仅是知识传授的载体与纽带，更应该强化基本训练。本系列教材配备了学习指导书或相当数量的习题，训练的题目具有多样性、启发性，有助于学生理解应用基本知识和掌握解决问题的方法，有助于培养学生思维能力与习惯。

5. 教材形式的数字化。本系列教材在传统教材内容的基础上，通过设置二维码资源，添加视频、图片等多媒体元素，学生可通过扫描二维码的方式，链接到相关的视频等资源，增强学习体验，提高学习效果。同时，通过在教材页面设置二维码集聚相关知识内容，学生可扫码进行自主扩充学习。本系列教材中，《财务共享服务》《智能会计信息系统－基于用友 YonBIP 和用友 U8V15.0》两种教材被开创性地打造为数字教材，实现了教材形式以及教与学的创新与突破。

西汉刘安《淮南子·说林训》中所言"授人以鱼不如授人以渔"。教材不仅传授给受教者既有知识，更重要的是传授给受教者方法与能力。本系列教材尽可能地介绍清楚问题和概念的来龙去脉，尽可能地解释清楚解决问题的思路和方法，以提高学生的创新意识与探索精神。

以上是华商学院会计学院编写本套系列教材的理念与原则，本套系列教材的编写也是会计学院各位教师经多年深耕教学教研的结晶或众缘成就。受制于各种因素的影响，编写者可能做得并不是非常到位，存在着些许不足与遗憾，但也为编写者进一步完善教材提供了动力。我们希望使用这套系列教材的师生和读者多提宝贵意见，不断完善本套教材。最后，相信我们的会计教育工作者，无愧于新时代的召唤，会为我国的会计教育做出更大的贡献。

是为总序。

广州华商学院会计学院

2024 年 12 月

前 言

《审计学》教材知识点多、知识点难理解，是学生学习审计专业知识时面临的一个现实问题。为了让学生更好地理解和掌握审计学的基础知识，编者结合最新的会计准则和审计准则编写了这本《〈审计学〉学习指导》。作为《审计学》的配套练习册，在章节设置上本书和《审计学》教材保持了一致，这样能够方便教师教学和学生学习。学生通过练习能够对自己的学习情况进行了解，对未掌握的知识点可以进一步学习，从而能够更为系统地理解和掌握所学知识。本书按《审计学》教材体系编写，各章除了编排了单选题、多选题、判断题、简答题、案例分析题等以外，还针对各章节内容加入了相应的学习目标及要求、重要名词、重难点问题等栏目，以便学生对知识的归纳和总结。本书最后配有练习题参考答案，以便学生参考。

本书具体编写分工如下：第一章、第二章、第三章由张丽编写；第四章、第五章、第七章由周群编写；第六章、第八章、第九章、第十章由郭晨编写；第十一章、第十二章、第十三章由马玉娟编写；第十四章、第十五章由彭司晨编写；最后由张丽统稿。特别感谢广州华商学院的邵世凤教授、伍学进教授对本书编写的帮助和支持。同时，很多任课教师和学界同仁为本书的不断完善提出了建设性的意见和建议，对此我们表示由衷的感谢！由于时间紧张，加之编者能力有限，书中难免存在不足，恳请读者指正，以便我们在修订时改正和完善。

编者
2024 年 12 月

目 录

第一章 审计概述 ... 1
    一、学习目标及要求 ... 1
    二、重要名词 ... 1
    三、重难点问题 ... 1
    四、练习题 ... 2

第二章 注册会计师的管理与职业规范 ... 8
    一、学习目标及要求 ... 8
    二、重要名词 ... 8
    三、重难点问题 ... 8
    四、练习题 ... 9

第三章 审计人员职业道德及法律规范 ... 16
    一、学习目标及要求 ... 16
    二、重要名词 ... 16
    三、重难点问题 ... 16
    四、练习题 ... 17

第四章 审计目标 ... 23
    一、学习目标及要求 ... 23
    二、重要名词 ... 23
    三、重难点问题 ... 23
    四、练习题 ... 23

第五章 审计证据和审计工作底稿 ... 29
    一、学习目标及要求 ... 29
    二、重要名词 ... 29
    三、重难点问题 ... 29

四、练习题 …………………………………………………………………… 30

第六章　审计风险和审计重要性 …………………………………………… 37

  一、学习目标及要求 ………………………………………………………… 37
  二、重要名词 ………………………………………………………………… 37
  三、重难点问题 ……………………………………………………………… 37
  四、练习题 …………………………………………………………………… 38

第七章　审计抽样 ……………………………………………………………… 49

  一、学习目标及要求 ………………………………………………………… 49
  二、重要名词 ………………………………………………………………… 49
  三、重难点问题 ……………………………………………………………… 49
  四、练习题 …………………………………………………………………… 50

第八章　审计计划 ……………………………………………………………… 56

  一、学习目标及要求 ………………………………………………………… 56
  二、重要名词 ………………………………………………………………… 56
  三、重难点问题 ……………………………………………………………… 56
  四、练习题 …………………………………………………………………… 57

第九章　风险评估 ……………………………………………………………… 65

  一、学习目标及要求 ………………………………………………………… 65
  二、重要名词 ………………………………………………………………… 65
  三、重难点问题 ……………………………………………………………… 66
  四、练习题 …………………………………………………………………… 66

第十章　风险应对 ……………………………………………………………… 77

  一、学习目标及要求 ………………………………………………………… 77
  二、重要名词 ………………………………………………………………… 77
  三、重难点问题 ……………………………………………………………… 77
  四、练习题 …………………………………………………………………… 78

第十一章　销售与收款循环审计 …………………………………………… 89

  一、学习目标及要求 ………………………………………………………… 89
  二、重要名词 ………………………………………………………………… 89
  三、重难点问题 ……………………………………………………………… 89
  四、练习题 …………………………………………………………………… 90

第十二章　采购与付款循环的审计 …………………………………… 96

一、学习目标及要求 …………………………………………… 96
二、重要名词 ……………………………………………………… 96
三、重难点问题 …………………………………………………… 96
四、练习题 ………………………………………………………… 96

第十三章　生产与存货循环的审计 …………………………………… 104

一、学习目标及要求 …………………………………………… 104
二、重要名词 ……………………………………………………… 104
三、重难点问题 …………………………………………………… 104
四、练习题 ………………………………………………………… 104

第十四章　货币资金审计 ……………………………………………… 111

一、学习目标及要求 …………………………………………… 111
二、重要名词 ……………………………………………………… 111
三、重难点问题 …………………………………………………… 111
四、练习题 ………………………………………………………… 111

第十五章　完成审计工作及审计报告 ………………………………… 120

一、学习目标及要求 …………………………………………… 120
二、重要名词 ……………………………………………………… 120
三、重难点问题 …………………………………………………… 120
四、练习题 ………………………………………………………… 121

本书参考文献 …………………………………………………………… 135

第一章 审 计 概 述

一、学习目标及要求

本章主要讨论了注册会计师审计业务的由来及其发展历程。审计是经济活动产生的一种现象。审计按照不同的标准可以做不同的划分，在不同审计主体下对政府审计、社会审计和内部审计有一定的了解和认识。本章还重点讨论了审计的基本要素、审计流程和审计的基本要求，并对会计师事务所审计业务进行了介绍——审计业务包括鉴证业务和相关服务两大类。最后，本章介绍了审计的信息不对称假设、信息不确定假设、财务报表数据可验证性假设、内部控制有效性假设、风险可控性假设、审计主体独立性假设、审计主体胜任力假设、经济责任关系假设。对以上内容，学生应加以理解和掌握。

二、重要名词

1. 受托经济责任
2. 审计
3. 形式上的独立性
4. 实质上的独立性
5. 专业胜任能力
6. 鉴证业务
7. 非鉴证业务
8. 财务报表审计
9. 财务报表审阅
10. 合理保证
11. 有限保证

三、重难点问题

1. 注册会计师审计的概念。
2. 注册会计师审计的基本要素。
3. 合理保证与有限保证的区别。
4. 审计的基本流程。
5. 审计的分类。
6. 审计的基本假设。

四、练习题

（一）单选题

1. 对于审计业务的三方关系，下列说法中错误的是（　　）。
   A. 三方关系人是指注册会计师、被审计单位管理层、财务报表预期使用者
   B. 预期使用者是指预期使用审计报告和财务报表的组织或人员，不包括管理层
   C. 审计业务的三方关系中，管理层是财务报表的责任方
   D. 注册会计师通常是指项目合伙人或项目组其他成员，有时也指其所在的会计师事务所

2. 下列关于审计业务和审阅业务的区别中，说法正确的是（　　）。
   A. 有限保证的目标是将审计业务风险降至具体业务环境下可接受的低水平，合理保证的目标是将审阅业务风险降至具体业务环境下可接受的水平
   B. 合理保证的审计业务运用各种审计程序，获取充分、适当的证据，有限保证的审阅业务主要采用函证程序获取证据
   C. 有限保证的审阅业务的检查风险和合理保证的审计业务的检查风险相同
   D. 合理保证的审计业务要求注册会计师以积极方式提出结论，有限保证的审阅业务要求注册会计师以消极方式提出结论

3. 下列关于注册会计师审计的说法中不正确的是（　　）。
   A. 注册会计师审计可以消除财务报表的所有重大错报
   B. 经过审计的财务报表可以降低不准确信息的流传时间或阻止其传播，一定程度上保证市场的效率
   C. 注册会计师审计的最终成果是审计报告
   D. 注册会计师审计可以提供合理保证，提高财务报表的可信程度

4. 关于财务报表审计，下列说法中错误的是（　　）。
   A. 审计的用户是财务报表的预期使用者
   B. 审计的目的是改善财务报表的质量或内涵
   C. 审计的基础是独立性和专业性
   D. 审计应查出被审计单位的所有错误和舞弊

5. 下列有关财务报表审计的说法中不恰当的是（　　）。
   A. 审计的目的是提高财务报表预期使用者对财务报表的信赖程度
   B. 执行财务报表审计业务比财务报表审阅业务所需证据数量多

C. 注册会计师的目标是对财务报表是否不存在由于舞弊或错误导致的重大错报获取绝对保证

D. 财务报表审计并不会减轻被审计单位管理层或治理层的责任

6. 下列属于注册会计师执行的鉴证业务的是（　　）。
   A. 税务代理　　　　　　　B. 审阅
   C. 理财服务　　　　　　　D. 代编财务信息

7. 下列有关财务报表审计的说法中不正确的是（　　）。
   A. 审计的基础是独立性和专业性
   B. 恰当的审计意见可以对被审计单位未来生存能力或管理层经营效率、效果提供一定程度的保证
   C. 注册会计师对由被审计单位管理层负责的财务报表发表审计意见，以提高除管理层之外的预期使用者对财务报表的信赖程度
   D. 注册会计师对财务报表是否在所有重大方面按照适用的财务报告编制基础编制发表审计意见

8. 下列关于职业判断的说法中错误的是（　　）。
   A. 注册会计师不需要在整个审计过程中运用职业判断
   B. 注册会计师具有的技能、知识和经验有助于形成必要的胜任能力以作出合理的判断
   C. 注册会计师需要具有专业胜任能力，可以就疑难问题向项目组内部或外部的专业人士进行咨询
   D. 审计过程中运用职业判断很重要，但如果有关决策不被该业务的具体事实和情况所支持或缺乏充分、适当的审计证据，职业判断并不能成为作出决策的正当理由

9. 为了提高财务报表的可信性，下列不属于注册会计师必须做的工作是（　　）。
   A. 收集充分、适当的审计证据
   B. 评价财务报表是否在所有重大方面符合会计准则
   C. 出具审计报告
   D. 出具管理层建议书

10. 下列不属于要求注册会计师保持警觉的情形是（　　）。
    A. 存在相互矛盾的审计证据
    B. 引起对作为审计证据的文件记录和对询问答复的可靠性产生怀疑的信息
    C. 表明不可能存在舞弊的情况
    D. 表明需要实施除审计准则规定外的其他审计程序的情形

11. 下列有关财务报表审计和财务报表审阅的区别的说法中，错误的是（　　）。

A. 财务报表审计所需证据的数量多于财务报表审阅

B. 财务报表审计提出结论的方式与财务报表审阅不同

C. 财务报表审计采用的证据收集程序少于财务报表审阅

D. 财务报表审计提供的保证水平高于财务报表审阅

12. 下列有关审计报告预期使用者的说法中，错误的是（　　）。

A. 预期使用者不包括被审计单位的管理层

B. 预期使用者可能不是审计业务的委托人

C. 预期使用者不包括执行审计业务的注册会计师

D. 注册会计师可能无法识别所有的预期使用者

13. 下列各项中，不属于审计业务要素的是（　　）。

A. 财务报告编制基础　　B. 审计报告

C. 财务报表　　　　　　D. 审计准则

1.1　单选题

（二）多选题

1. 下列各项中属于审计要素的有（　　）。

A. 审计业务的三方关系　　B. 初步业务约定书

C. 财务报表　　　　　　　D. 财务报表编制基础

E. 审计报告

2. 下列各项注册会计师执行的业务中，能够提供合理保证或有限保证的有（　　）。

A. 对财务信息执行商定程序　　B. 财务报表审阅

C. 管理咨询　　　　　　　　　D. 财务报表审计

3. 下列有关鉴证业务保证程度的说法中，正确的有（　　）。

A. 审计提供合理保证，审阅和其他鉴证业务提供有限保证

B. 合理保证是高水平的保证、有限保证是中等水平的保证

C. 合理保证以积极方式得出结论，有限保证以消极方式得出结论

D. 合理保证所需证据数量较多，有限保证所需证据数量较少

4. 按照不同的审计内容分类分为（　　）。

A. 财政财务审计　　　B. 经济效益审计

C. 管理审计　　　　　D. 财经法纪审计

5. 按照不同的审计主体分类分为（　　）。

A. 国家审计　　　　　B. 内部审计

C. 社会审计　　　　　D. 外部审计

6. 审计过程包括（　　）。

A. 接受业务委托和计划审计工作

B. 评估重大错报风险

C. 应对重大错报风险

D. 编制审计报告

7. 注册会计师需要在整个审计过程中运用职业判断，可以从（　　）评价职业判断是否适当。

   A. 作出的职业判断是否使得注册会计师更加快速地完成审计业务

   B. 根据截至审计报告日注册会计师知悉的事实和情况，作出的判断是否适当、是否与这些事实和情况相一致

   C. 作出的职业判断是否符合被审计单位管理层的预期

   D. 作出的判断是否反映了对审计和会计原则的适当运用

8. 下列属于导致审计固有局限的原因有（　　）。

   A. 注册会计师据以得出结论和形成的审计意见的大多数审计证据是说服性的而非结论性的

   B. 注册会计师没有被授予特定的法律权力（如搜查权），而这种权力对调查是必要的

   C. 编制财务报表过程中作出的主观判断存在不确定性

   D. 在合理的时间内以合理的成本完成审计的需要

9. 下列关于注册会计师职业怀疑的说法中，恰当的有（　　）。

   A. 保持职业怀疑需要采取质疑的思维方式，对审计证据审慎评价

   B. 注册会计师可以使用管理层声明代替应当获取的充分适当的证据

   C. 在审计中，注册会计师不应依赖过去对管理层和治理层诚信形成的判断

   D. 在审计过程中，注册会计师发现文件有伪造的迹象，要作出进一步调查，确定是否需要修改审计程序和追加审计程序

10. 下列有关注册会计师保持职业怀疑的说法中，正确的有（　　）。

    A. 职业怀疑要求注册会计师在评价管理层和治理层时，不应依赖以往对管理层和治理层诚信形成的判断

    B. 保持职业怀疑有助于注册会计师恰当地运用职业判断

    C. 职业怀疑要求注册会计师质疑相互矛盾的证据的可靠性

    D. 保持职业怀疑可以增强注册会计师在审计中保持独立性的能力

11. 下列有关职业怀疑的说法中，正确的有（　　）。

    A. 职业怀疑要求注册会计师质疑相互矛盾的审计证据的可靠性

    B. 职业怀疑要求注册会计师对舞弊风险因素保持警觉

    C. 职业怀疑要求注册会计师鉴定文件记录的真伪

    D. 职业怀疑要求注册会计师质疑管理层的诚信

1.2　多选题

（三）判断题

1. 注册会计师应当针对财务报表在所有方面是否符合适当的财务报表编制基础发表审计意见。（ ）

2. 财务报表通常包括资产负债表、利润表、现金流量表、所有者权益（或股东权益）变动表以及财务报表附注。（ ）

3. 财务报表审计可适度减轻被审计单位管理层或治理层的责任。（ ）

4. 管理层也可能成为审计报告的预期使用者，但不是唯一的预期使用者。（ ）

5. 审计业务财务报表的可信性高于审阅业务财务报表的可信性。（ ）

6. 注册会计师应当了解被审计单位涉及的所有法律法规。（ ）

7. 注册会计师在评价是否已获取充分、适当的审计证据以及是否还需要执行更多的工作时需要运用职业判断。（ ）

8. 由于审计的固有限制，不应期望注册会计师将审计风险降至零。（ ）

9. 如果审计中确实存在困难、时间或成本等事项，注册会计师可以适当减少一些必要的审计程序。（ ）

10. 完成审计工作后发现由于舞弊或错误导致的财务报表重大错报，其本身并不表明注册会计师没有按照审计准则的规定执行审计工作。（ ）

1.3 判断题

（四）简答题

1. 请同学们认真思考以下各位的发言，并分别指出其各自观点是否正确，若不正确请说明理由。

（1）张三说："审计是社会经济发展到一定阶段产生的一种社会现象。只要有人需要审计，自然就产生提供审计服务的群体了。"

（2）李四说："审计是注册会计师提供的一种业务，只要是注册会计师所从事的业务，都是有保证程度的。"

（3）王五说："审计是注册会计师经过缜密思考形成的一种执业行为，既然考虑得比较周全，审计业务通常情况下不会产生风险。"

（4）马六说："做任何事情都是有目标可言的，审计也不例外，注册会计师仅对财务报表发表自己的意见就达到了预期的目的，实现了既定的目标。"

（5）田七说："注册会计师是作为社会人而存在的，既然是社会人，就没有必要在从事审计业务时必须强调其独立性，另外在从事审计过程中所获知的有关被审计单位的情况，在吃饭聊天时可以和好朋友聊聊，但说无妨。"

（6）朱八说："在审计被审计单位时，如果被审计单位财务人手不足，审计人员可以代替财务人员为被审计单位提供相关代编会计记录直至出具财务报表，然后由本人对其所出具的报表进行审计，这样就便于行事了。"

2. 请判断以下关于审计的概念五个维度的相关讨论是否正确，并说明你的理由。

（1）从用户的角度，审计的用户是指财务报表的预期使用者，即审计可以用来有效满足财务报表预期使用者的需求，财务报表的预期使用者包括除管理层之外的预期使用者。

（2）从目的的角度，审计的目的是改善财务报表的质量，增强所有预期使用者对财务报表的信赖程度。

（3）从建议的角度，审计即以合理保证的方式提高财务报表的可信度，为如何利用信息提供建议。

（4）从保证的角度，审计提供中等水平的保证。

（5）从基础的角度，审计的基础是注册会计师的独立性和专业性。

3. 下列有关审计业务要素的说法中，请判断下面观点是否正确，并说明理由。

（1）在财务报表审计中，管理层对编制财务报表和审计报告负责。

（2）管理层、股东、税务局、注册会计师都可能成为预期使用者。

（3）在财务报表审计中，审计对象是历史的财务状况、经营业绩和现金流量。

（4）注册会计师应当识别出使用审计报告的所有组织或人员。

（5）注册会计师应当及时发现并纠正被审计单位的错误与舞弊。

1.4 简答题

第二章 注册会计师的管理与职业规范

一、学习目标及要求

通过对本章的学习，学生应掌握中国注册会计师考试与申请；注册会计师的行业管理；我国允许设立的会计师事务所的形式。中国注册会计师执业准则体系经历了起步阶段、制定准则阶段和国际趋同三个阶段，包括鉴证业务准则、相关服务准则和会计师事务所质量管理准则。鉴证业务准则是指注册会计师在执行鉴证业务的过程中所应遵守的职业规范，由鉴证业务基本准则统领，按照鉴证业务提供的保证程度和鉴证对象的不同，分为中国注册会计师审计准则、中国注册会计师审阅准则和中国注册会计师其他鉴证业务准则。其中，审计准则是整个执业准则体系的核心。会计师事务所的质量管理制度包含以下六个方面的要素：对业务质量承担的领导责任、相关职业道德要求、客户关系和具体业务的接受与保持、人力资源、业务执行、监控。

二、重要名词

1. 注册会计师执业准则
2. 鉴证业务准则
3. 相关服务准则
4. 注册会计师审计准则
5. 注册会计师审阅准则
6. 质量控制准则
7. 职业道德
8. 合伙人
9. 项目合伙人
10. 项目质量管理复核人员
11. 有限责任会计师事务所
12. 普通合伙制会计师事务所

三、重难点问题

1. 中国注册会计师考试科目有哪些，如何申请注册成为注册会计师？

2. 中国注册会计师执业准则发展经历了哪三个阶段?
3. 注册会计师执业准则的作用?
4. 中国注册会计师执业准则体系包括哪些内容?
5. 会计师事务所应该从哪些方面实施业务质量控制?
6. 会计师事务所接受或保持客户关系应该具备哪些条件?
7. 我国允许设立的会计师事务所的形式有哪些?

四、练习题

（一）单选题

1. 注册会计师执业准则主要包括（   ）。
   A. 业务准则和质量控制准则
   B. 相关服务准则
   C. 审计准则
   D. 审阅准则

2. 以下对于我国有限责任制会计师的描述中不正确的是（   ）。
   A. 由注册会计师出资设立，并以其认购股份对事务所承担有限责任
   B. 事务所以其全部财产对其债务承担有限责任
   C. 在风险牵制和共同利益的驱动下，能促使事务所强化专业发展，扩大规模，提高规避风险的能力
   D. 合伙人根据"一人一票"的规则对事务所事务进行表决

3. 注册会计师执行的下列业务中保证程度最高的是（   ）。
   A. 财务报表审计
   B. 代编财务信息
   C. 财务报表审阅
   D. 对财务信息执行的商定程序

4. 注册会计师执行的下列业务中对保证程度描述不正确的是（   ）。
   A. 代编财务信息不需要任何程度的保证
   B. 财务信息执行商定程序仅需要有限保证
   C. 预测性财务信息审核业务有可能是有限保证，也有可能是合理保证
   D. 验资要合理保证

5. 下列关于会计师事务所人员管理的说法错误的是（   ）。
   A. 会计师事务所应当建立实施统一的人员管理制度
   B. 会计师事务所的人员业绩考核、晋升和薪酬政策应当坚持以质量为导向
   C. 为保证以质量为导向理念的落实，会计师事务所可以针对

合伙人的晋升建立和实施质量"一票否决"制度

D. 会计师事务所应当对关键管理人员实施统一委派、监督和考核

6. 下列有关项目合伙人复核的说法中,错误的是（　　）。

A. 项目合伙人通常需要复核审计中有争议事项相关的判断

B. 项目合伙人无须复核所有审计工作底稿

C. 项目合伙人应当在审计工作底稿中记录复核的范围和时间

D. 项目合伙人应当复核与重大错报风险相关的所有审计工作底稿

7. 针对质量控制制度的目标和要素,下列说法中不恰当的是（　　）。

A. 会计师事务所应当明确对业务质量承担的领导责任

B. 会计师事务所质量控制制度仅对注册会计师执行审计业务提出要求

C. 质量控制制度只能合理保证注册会计师出具适合具体情况的报告

D. 质量控制制度不仅规范会计师事务所接受客户关系,同时规范保持具体业务

8. 针对会计师事务所指导、监督与复核的总体要求,下列说法中正确的是（　　）。

A. 使审计项目组了解审计工作目标

B. 考虑审计项目组是否有足够的时间执行审计工作

C. 审计项目合伙人检查各成员是否能够顺利完成审计工作

D. 通过实施质量控制政策和程序,保持业务执行质量的一致性

9. 如果会计师事务所承接业务后发现下列情形,应考虑终止该项审计业务的是（　　）。

A. 审计项目组关键成员出现个人贷款无力偿还而遭受诉讼纠纷

B. 管理层严重不诚信

C. 审计项目组不能在审计业务约定条款要求的时间内完成业务,必须推迟出具审计报告

D. 审计项目组对于确定存货存在认定缺乏胜任能力,必须利用专家的工作

10. 针对项目质量控制复核的时间,下列说法中正确的是（　　）。

A. 与审计委员会沟通后完成项目质量控制复核

B. 与治理层沟通后完成项目质量控制复核

C. 与管理层沟通后完成项目质量控制复核

D. 在出具审计报告前完成项目质量控制复核

2.1　单选题

(二) 多选题

1. 我国注册会计师行业管理体制的演变经历了下面哪些阶段（　　）。
    A. 完全行政主导阶段
    B. 中注协与政府多头监管阶段
    C. 政府完全监管阶段
    D. 政府监管为主，行业自律为辅阶段

2. 下列各项中，用于判断注册会计师是否按照审计准则的规定执行了审计工作的有（　　）。
    A. 注册会计师在具体情况下实施的审计程序的恰当性
    B. 注册会计师获取的审计证据的充分性和适当性
    C. 注册会计师出具的审计报告的恰当性
    D. 注册会计师是否识别出财务报表中存在的所有重大错报

3. 中国注册会计师执业准则体系的实施，可以从以下哪些方面提升注册会计师的执业质量（　　）。
    A. 加强会计师事务所的质量管理和风险防范
    B. 为提高财务信息质量、降低投资者的决策风险
    C. 维护社会公众利益、实现更有效的资源配置
    D. 推动经济发展和保持金融稳定

4. 注册会计师执业准则的作用，有以下哪几个方面（　　）。
    A. 制定、实施执业准则，为衡量和评价注册会计师执业质量提供了依据，从而有助于注册会计师执业质量的提高
    B. 制定、实施执业准则，有助于规范审计工作，维护社会经济秩序
    C. 制定、实施执业准则，有助于增强社会公众对注册会计师职业的信任
    D. 制定、实施执业准则，有助于维护会计师事务所和注册会计师的正当权益，使其免受不公正的指责和控告
    E. 制定、实施执业准则，有助于推动审计与鉴证理论的研究和现代审计人才的培养

5. 中国注册会计师执业准则体系包括以下哪些内容（　　）。
    A. 注册会计师执业道德规范
    B. 注册会计师业务准则
    C. 会计师事务所质量管理准则
    D. 非鉴证业务准则

6. 中国注册会计师的鉴证业务准则包括以下哪些内容（　　）。
    A. 中国注册会计师审计准则
    B. 中国注册会计师非鉴证业务准则

C. 中国注册会计师其他鉴证业务准则

D. 中国注册会计师审阅准则

7. 会计师事务所质量管理体系应当满足的总体要求有（　　）。

　　A. 各分所和分部可根据业务需要制定本所或本部的质量管理体系

　　B. 会计师事务所在设计、实施和运行质量管理体系时，应当采用风险导向的思路

　　C. 根据本会计师事务所的实际需要进行"量身定制"

　　D. 会计师事务所应当根据本所及其业务在性质和具体情况方面的变化，对质量管理体系的设计、实施和运行进行动态调整

8. 以下选项中属于会计师事务所质量管理体系要素的有（　　）。

　　A. 治理和领导层

　　B. 客户关系和具体业务的接受与保持

　　C. 业务执行

　　D. 监控和整改程序

9. 针对治理和领导层，会计师事务所应当设定下列质量目标（　　）。

　　A. 会计师事务所在全所范围内营造一种"质量至上"的文化氛围

　　B. 会计师事务所所有人员都对其执行业务的质量承担责任

　　C. 会计师事务所的领导层对质量负责，并通过实际行动展示出其对质量的重视

　　D. 会计师事务所及其人员有责任持续高质量地执行业务

10. 下列有关会计师事务所获取独立性书面确认函的说法中正确的有（　　）。

　　A. 书面确认函必须是纸质的

　　B. 书面确认函既可以是纸质的，也可以是电子形式的

　　C. 应当每年至少一次向所有需要按照相关职业道德要求保持独立性的人员获取其遵守独立性政策和程序的书面确认函

　　D. 当有其他会计师事务所参与执行部分业务时，会计师事务所也可以向其获取有关独立性的书面确认函

11. 下列有关会计师事务所项目质量控制复核的说法中正确的有（　　）。

　　A. 对所有符合标准的业务实施项目质量控制复核

　　B. 由项目合伙人委派项目质量控制复核人

　　C. 对所有上市实体财务报表审计实施项目质量控制复核

D. 明确标准，据此评价所有其他的历史财务信息审计和审阅、其他鉴证和相关服务业务，以确定是否应当实施项目质量控制复核

12. 会计师事务所为了持续改进项目质量控制复核，可以采取的措施有（　　）。

　　A. 定期召开项目质量控制复核人员会议
　　B. 开发广泛应用的项目质量控制复核培训课程
　　C. 对项目质量控制复核人员的工作按照会计师事务所的相关政策和程序进行考核
　　D. 汇编形成项目质量控制复核问题案例

2.2　多选题

（三）判断题

1. 注册会计师可以个人名义从事会计咨询和会计服务。（　　）
2. 主要负责人对质量管理体系承担最终责任。（　　）
3. 主要负责人是指如首席合伙人、主任会计师或者同等职位的人员。（　　）
4. 在初次审计时为获取审计聘约而采取低于成本的虚报定价行为，不会有损于审计独立性。（　　）
5. 根据《中华人民共和国注册会计师法》的规定，个人可以设立独资会计师事务所。（　　）
6. 注册会计师可以以个人名义从事会计咨询和会计服务。
　　　　　　　　　　　　　　　　　　　　　　　（　　）
7. 中国注册会计师协会于 2016 年公布《中国注册会计师执业准则》。（　　）
8. 注册会计师执业准则的根本作用在于保证注册会计师的执业质量，维护社会经济秩序。此外，执业准则的制定、颁布和实施，对于增强社会公众对注册会计师职业的信任、合理区分客户管理层的责任和注册会计师责任、客观评价注册会计师执业质量、保护责任方及各利害关系人的合法权益以及推动审计理论的发展都有一定的作用。
　　　　　　　　　　　　　　　　　　　　　　　（　　）
9. 鉴证业务准则包括了审计准则、审计阅准则和商定程序。
　　　　　　　　　　　　　　　　　　　　　　　（　　）
10. 合伙人是指会计师事务所中负责某项业务及其执行，并代表会计师事务所在出具的报告上签字的合伙人。（　　）
11. 项目质量管理复核是指在报告日或报告日之前，项目质量管理复核人员对项目组作出的重大判断和在编制报告时得出的结论进行客观评价的过程。（　　）

2.3　判断题

（四）简答题

1. 以下有关项目质量控制关于承担责任的一些说法，请判断是

否正确,并说明理由。

(1) 会计师事务所主要负责人应当对质量管理体系承担最终责任。

(2) 会计师事务所质量主管合伙人应当对一体化管理负主要责任。

(3) 项目质量复核人员对项目质量复核的实施负主要责任。

(4) 项目合伙人对项目管理和项目质量承担主要责任。

(5) 公众利益实体财务报表审计业务,应当实施项目质量复核。

2. 20×5年1月,DEF会计师事务所与XYZ会计师事务所合并成立ABC会计师事务所,ABC会计师事务所的质量管理体系部分内容摘录如下:

(1) 各分所在业务、技术标准、信息管理方面应统一管理,但人事、财务方面的管理各分所可以根据自身的实际情况,自行制定业务质量管理标准。

(2) 审计项目组成员应当在执行业务时遵守事务所质量管理政策和程序。参与审计项目的实习生和事务所外部专家不受上述规定的限制。

(3) 除内部专家外,项目组成员应当在执行业务过程中严格遵守会计师事务所的质量管理政策和程序。

(4) 质量管理部负责会计师事务所质量管理体系的设计和监控,其部门主管合伙人对质量管理体系承担最终责任。

(5) 原DEF、XYZ两家会计师事务所的质量管理体系存在差异。ABC会计师事务所拟逐步进行整合,确保两年后建立统一的质量管理体系。

要求:指出事务所的做法是否恰当。如不恰当,简要说明理由。

3. ABC会计师事务所的质量管理体系部分内容摘录如下:

(1) 合伙人的收益以各业务部门为单位进行分配,具体分配方案由各业务部门制定,原则上以执业质量为首要考核指标。

(2) 事务所每年对业务收入考核排名前十位的合伙人奖励50万元,对业务质量考核排名后十位的合伙人罚款5万元。

(3) 在业务质量及职业道德考核成绩为优秀的前提下,连续两年业务收入排名靠前的高级经理可晋升合伙人。

(4) 事务所每三年至少一次向所有需要按照相关职业道德要求保持独立性的人员获取其遵守独立性政策和程序的书面确认函。

(5) A注册会计师就某一重大审计问题咨询事务所技术部门,但直至审计报告日,仍未与技术部门达成一致意见。经与B注册会计师讨论,A注册会计师出具了审计报告。

要求:针对上述事项,指出ABC会计师事务所的质量管理制度的内容是否违反《会计师事务所质量管理准则第5101号——业务质量管理》和《会计师事务所质量管理准则第 5102 号——项目质量复核》的相关规定。如违反，简要说明理由。

4. ABC 会计师事务所是一家新成立的事务所，制定的质量管理制度部分内容摘录如下：

（1）合伙人考核和晋升制度规定，连续三年业务收入排名前三位的高级经理可晋级为合伙人，连续三年业务收入排名后三位的合伙人降级为高级经理。

（2）事务所在进行合伙人考核和收益分配时规定：审计业务由全所统一分配，其他业务以各分部为利润中心进行收益分配。

（3）除上市公司审计业务外，其他需要实施质量复核的审计业务由审计项目合伙人执行项目质量复核。

（4）对于经过复核的项目，项目质量复核人员和项目合伙人各自承担一半的责任。

（5）会计师事务所每年向需要保持独立性的人员提供关于独立性要求的培训，并要求高级经理及以上级别的人员每年签署其已遵守独立性要求的书面确认。

（6）会计师事务所首席合伙人对质量管理体系承担最终责任，每三年一次代表会计师事务所对质量管理体系进行评价。

要求：针对上述事项，逐项指出 ABC 会计师事务所业务质量管理制度的内容是否违反质量管理准则的规定。如违反，请简要说明理由。

5. ABC 会计师事务所接受委托，负责审计上市公司甲银行 20×5 年财务报表，并委派 A 注册会计师担任审计项目合伙人，B 注册会计师为项目质量控制复核人。相关事项如下：

（1）A 注册会计师是新晋升的合伙人，首次负责银行审计项目，以前一直从事房地产行业的审计。

（2）在审计过程中，A 注册会计师就所有重大问题与 B 注册会计师进行了讨论，并由 B 注册会计师作出决策。

（3）在出具审计报告前，A 注册会计师就一重大会计问题向会计师事务所技术部门进行了咨询。由于双方意见一致，A 注册会计师没有就咨询事项和结果形成审计工作底稿。

（4）审计项目组成员 C 发现甲银行财务经理有舞弊的迹象。B 注册会计师根据对甲银行财务经理的了解，认为其不会舞弊，没有必要追加审计程序，并说服 A 注册会计师出具了审计报告。

（5）A 注册会计师在出具审计报告后次日对审计工作底稿进行了复核。

要求：针对上述（1）至（5）项内容，逐项指出 ABC 会计师事务所及其注册会计师的做法是否恰当。如不恰当，简要说明理由。

2.4 简答题

第三章
审计人员职业道德及法律规范

一、学习目标及要求

通过对本章的学习，学生应掌握注册会计师职业道德基本原则，熟悉注册会计师职业道德概念框架，掌握对注册会计师职业道德构成不利影响的因素，熟悉对注册会计师职业道德构成不利影响的情形，掌握对注册会计师审计独立性构成不利影响的具体情形和相应的防范措施，熟悉注册会计师法律责任的形式，区分行政责任、民事责任、刑事责任等概念。

二、重要名词

1. 职业道德基本原则
2. 诚信
3. 独立性
4. 客观和公正
5. 专业胜任能力和勤勉尽责
6. 保密
7. 良好职业行为
8. 网络事务所
9. 关联实体
10. 业务期间
11. 或有收费
12. 逾期收费
13. 违约
14. 过失
15. 欺诈
16. 审计失败
17. 行政责任
18. 民事责任
19. 刑事责任

三、重难点问题

1. 注册会计师必须遵守的职业道德基本原则包括哪些？
2. 什么是职业道德概念框架的内涵？
3. 如何运用职业道德概念框架解决职业道德的相关问题？

4. 什么是网络事务所？
5. 可能对职业道德基本原则产生不利影响的因素？
6. 家庭和私人关系如何对职业道德基本原则产生不利影响？
7. 或有收费如何对职业道德基本原则产生不利影响？
8. 礼品和招待如何对职业道德基本原则产生不利影响？
9. 引起注册会计师法律责任的原因？
10. 注册会计师承担法律责任的种类？

四、练习题

（一）单选题

1. 以下各项中不属于职业道德基本原则的是（　　）。
   A. 及时性
   B. 保密
   C. 良好职业行为
   D. 专业胜任能力和应有的关注

2. 以下关于保密原则的表述中错误的是（　　）。
   A. 注册会计师在执行审计业务时要对涉密信息保密
   B. 注册会计师不应使用客户的涉密信息为自己或他人牟利
   C. 注册会计师应当警惕向近亲属或关系密切的人员无意泄密的可能性
   D. 注册会计师在终止审计服务起满 20 年，则可不再履行保密义务

3. 下列各项中，不属于可能对职业道德基本原则产生不利影响的因素是（　　）。
   A. 自身利益　　　　　　　B. 外在压力
   C. 过度推介　　　　　　　D. 客观公正

4. 下列各项中，属于因过度推介导致对职业道德基本原则产生不利影响的情形是（　　）。
   A. 注册会计师接受了客户赠予的重要礼品，并被威胁将公开其收受礼品的事情
   B. 当客户与第三方发生诉讼或纠纷时，注册会计师为该客户辩护
   C. 审计项目团队成员的近亲属担任审计客户的董事或高级管理人员
   D. 注册会计师在对客户提供财务系统的设计或实施服务后，又对系统的运行有效性出具鉴证报告

5. 如果会计师事务所、审计项目组成员或其主要近亲属在审计客户中拥有直接经济利益或重大间接经济利益，将产生最直接的不利

影响是（　　）。
　　A. 自身利益　　　　　　B. 自我评价
　　C. 过度推介　　　　　　D. 密切关系

6. 注册会计师在运用职业判断识别、评价独立性不利影响以及确定防范措施时，应当就这些事宜适当与（　　）进行沟通。
　　A. 管理层　　　　　　　B. 治理层
　　C. 总经理　　　　　　　D. 财务总监

7. XYZ 会计师事务所自 2025 年 1 月 3 日起为甲公司 2024 年度财务报表实施审计工作，2025 年 1 月 25 日出具审计报告，注册会计师应当保持独立性的期间是（　　）。
　　A. 2025 年 1 月 3 日至 2025 年 1 月 25 日
　　B. 2025 年 1 月 1 日至 2025 年 1 月 25 日
　　C. 2024 年 1 月 1 日至 2024 年 12 月 31 日
　　D. 2024 年 1 月 1 日至 2025 年 1 月 25 日

8. 下列关于审计独立性的内涵的说法中，正确的是（　　）。
　　A. 审计仅需要保持实质上的独立性
　　B. 审计仅需要保持形式上的独立性
　　C. 实质上的独立性是一种内心状态，使得注册会计师在提出结论时不受损害职业判断的因素影响
　　D. 形式上的独立性是一种内在表现，要求注册会计师诚信行事，遵循客观和公正的原则

9. 如果审计项目组成员受托担任审计客户的诉讼第一辩护人，会对独立性产生不利影响的因素是（　　）。
　　A. 自身利益　　　　　　B. 过度推介
　　C. 密切关系　　　　　　D. 外在压力

10. 注册会计师是否存在欺诈行为，其重要特征是（　　）。
　　A. 未保持应有的职业谨慎　　B. 没有遵守审计准则
　　C. 违反保密协议　　　　　　D. 具有不良动机

3.1　单选题

（二）多选题

1. 下列哪些情形没有违背保密原则（　　）。
　　A. 法律法规允许的情况下，在法律诉讼、仲裁中维护自己的合法权益
　　B. 接受注册会计师协会或监管机构的执业质量检查，答复其询问和调查
　　C. 利用所获知的涉密信息为自己或第三方谋取利益
　　D. 根据法律法规要求，向监管机构报告所发现的违法行为

2. 下列各项中属于对遵循职业道德基本原则产生不利影响的因素有（　　）。

A. 过度推介　　　　　　　B. 自我评价
　　C. 客观和公正　　　　　　D. 外在压力

3. 在具体业务层面，应对不利影响的防范措施包括（　　）。
　　A. 对已执行的非鉴证业务，由未参与该业务的注册会计师进行复核，或者在必要时提供建议
　　B. 对已执行的鉴证业务，由鉴证业务项目组以外的注册会计师进行复核，或者在必要时提供建议
　　C. 向客户审计委员会、监管机构或注册会计师协会咨询
　　D. 与客户治理层讨论有关的职业道德问题；由其他会计师事务所执行或重新执行部分业务
　　E. 轮换鉴证业务项目组合伙人和高级员工

4. 下列情形中，属于保持良好职业行为所不得实施的行为有（　　）。
　　A. 扩大宣传所提供的服务
　　B. 贬低其他注册会计师的工作
　　C. 无根据地比较其他注册会计师的工作
　　D. 扩大宣传拥有的资质

5. 或有收费可能对职业道德基本原则产生不利影响，不利影响存在与否及其严重程度取决于下列（　　）因素。
　　A. 是否由独立第三方复核　　B. 业务的性质
　　C. 确定收费的基础　　　　　D. 执行鉴证业务的经验

6. 注册会计师如果认为被审计单位业务报告、申报资料或其他信息存在（　　）问题，则不得与其发生牵连。
　　A. 含有缺乏充分依据的陈述或信息
　　B. 含有严重虚假的陈述
　　C. 存在遗漏或含糊其词的信息
　　D. 含有误导性的陈述

7. 注册会计师应该保持专业胜任能力和应有的关注，以下关于专业胜任能力和应有的关注的表述中正确的有（　　）。
　　A. 专业胜任能力包括获取和保持两个阶段
　　B. 注册会计师应该持续了解并掌握当前法律、技术和实务的发展变化，将专业知识和技能始终保持在应有的水平
　　C. 应有的关注要求注册会计师在审计过程中保持职业怀疑态度
　　D. 通过获取和保持专业胜任能力和应有的关注，可以消除审计固有局限性

8. 下列会计师事务所构成网络事务所的有（　　）。
　　A. 甲会计师事务所与乙会计师事务所共享所有权

B. 丙会计师事务所与丁会计师事务所基于合作目的，共享收益，共担成本
C. 戊会计师事务所与己会计师事务所共享审计手册
D. 庚会计师事务所与辛会计师事务所旨在通过合作共享质量控制系统

9. 注册会计师为避免法律诉讼而应采取的具体措施包括（　　）。
A. 严格遵循职业道德和专业标准的要求
B. 审慎选择被审计单位
C. 建立、健全会计师事务所质量控制制度
D. 提取风险基金或购买责任保险

10. 注册会计师需要承担的法律责任种类（　　）。
A. 民事责任　　　　　　B. 行政责任
C. 刑事责任　　　　　　D. 法律责任

3.2　多选题

（三）判断题

1. 独立性是指注册会计师在做决策和判断时不得因任何利害关系影响其主观判断。（　　）

2. 诚信要求注册会计师按照事物的本来面貌去看待问题，不得添加个人偏见，要公平、正直、不偏袒。（　　）

3. 保密要求注册会计师应当对在职业活动中获知的涉密信息予以保密，发现的违法行为，也不得向外透漏。（　　）

4. 注册会计师只要考取了注册会计师证书，就具备了专业胜任能力。（　　）

5. 注册会计师在与前任注册会计师沟通前，应征得客户的同意。（　　）

6. 自身评价导致的不利影响是指因经济利益或其他利益对注册会计师的职业判断或行为产生不当影响。（　　）

7. 形式上的独立性是一种内心状态，要求注册会计师在提出结论时不受有损于职业判断的因素影响，能够诚实公正行事，并保持客观和职业怀疑态度。（　　）

8. 两个事务所是联合体，那么他们一定构成网络事务所。（　　）

9. 注册会计师在运用职业判断识别、评价独立性不利影响以及确定防范措施时，应当就这些事宜适当与管理层进行沟通。（　　）

10. 业务期间自审计项目组开始执行审计业务之日起，至出具审计报告之日止。（　　）

11. 审计失败指注册会计师由于没有遵守职业道德的要求而发表了错误的审计意见。（　　）

3.3　判断题

12. 民事责任按性质分类可以分为违约责任和侵权责任。（   ）

（四）简答题

1. ABC 会计师事务所通过招投标程序接受委托，负责审计上市公司甲公司（工业企业）20×5 年度财务报表，并委派 A 注册会计师为项目合伙人，在招投标阶段和审计过程中，ABC 会计师事务所遇到下列与职业道德有关的事项：

（1）甲公司 20×5 年 1 月 1 日为审计项目合伙人 A 注册会计师的女儿开设的 X 公司提供贷款，贷款额度为 500 万元，期限为一年。

（2）签订审计业务约定书时，ABC 会计师事务所根据有关部门的要求，与甲公司商定按六折收取审计费用，据此，审计项目组计划相应缩小审计范围，并就此事与甲公司管理层达成一致意见。

（3）签订审计业务约定书后，ABC 会计师事务所发现甲公司与本事务所另一常年审计客户乙公司存在直接竞争关系。ABC 会计师事务所未将这一情况告知甲公司和乙公司。

（4）Z 公司为甲公司的合营企业，20×5 年 2 月 2 日，事务所合伙人 B 注册会计师的儿子小李购买了 Z 公司 50% 的股权。

（5）审计过程中，适逢甲公司招聘高级管理人员，A 注册会计师应甲公司的要求对可能录用人员的证明文件进行检查，并就是否录用形成书面意见。

（6）ABC 会计师事务所合伙人 C 不属于审计项目组成员，其妻子继承父亲遗产，其中包括甲公司内部职工股份 10 000 股。

要求：针对上述（1）至（6）项，分别指出 ABC 会计师事务所是否违反中国注册会计师职业道德守则，并简要说明理由。

2. 甲公司拟申请首次公开发行股票并上市，ABC 会计师事务所负责审计甲公司 20×5 年度至 20×7 年度的比较财务报表，委派 A 注册会计师担任项目合伙人，B 注册会计师担任项目质量复核合伙人。相关事项如下：

（1）审计业务约定书约定，审计费用为 200 万元，甲公司应当在 ABC 会计师事务所出具审计报告后 10 日内支付 70% 审计费用，成功上市后 10 日内支付其余 30% 审计费用。

（2）审计业务约定书约定，审计费用为 200 万元，甲公司成功上市发行后，甲公司奖励 ABC 会计师事务所 100 万元。

（3）如果发现客户存在或有付费违规行为的，会计师事务所可以承接或者终止该项审计业务。

（4）签订审计业务约定书时，ABC 会计师事务所根据有关部门的要求，与甲公司商定按六折收取审计费用，据此，审计项目组计划相应缩小审计范围，并就此事与甲公司管理层达成一致意见。

（5）如果连续两年从某一属于公众利益实体的审计客户及其关

联实体收取的全部费用，占会计师事务所从所有客户收取的全部费用的比重超过15%，无论是否已对审计项目实施项目质量复核，会计师事务所均应在审计报告日前指派另一位注册会计师对其实施或再次实施项目质量复核。

要求：针对上述事项，指出 ABC 会计师事务所或其注册会计师的做法是否恰当。如不恰当，简要说明理由。

3. ABC 会计师事务所通过招投标程序接受委托，负责审计上市公司甲公司 20×5 年度财务报表，并委派 A 注册会计师为审计项目组负责人，在招投标阶段和审计过程中，ABC 会计师事务所遇到下列与职业道德有关的事项：

（1）审计过程中，适逢甲公司招聘高级管理人员，A 注册会计师应甲公司的要求对可能录用人员的证明文件进行检查，并就是否录用形成书面意见。

（2）甲公司聘请 ABC 公司担任某合同纠纷的诉讼代理人，诉讼结果将对甲公司财务报表产生重大影响。

（3）甲公司拟进军新的产业，聘请 XYZ 公司作为财务顾问，为其寻找、识别收购对象。双方约定服务费为 10 万元，该项收费对 ABC 会计师事务所不构成重大影响。

（4）审计过程中，A 注册会计师应甲公司要求协助制定公司财务战略。

（5）20×5 年 10 月，甲公司聘请 XYZ 公司提供招聘董事会秘书的服务，包括物色候选人、组织面试并向甲公司汇报面试结果，由甲公司董事会确定最终聘用人选。

要求：针对上述事项，指出是否存在可能违反中国注册会计师职业道德守则有关独立性规定的情况，并简要说明理由。

3.4 简答题

第四章 审计目标

一、学习目标及要求

本章旨在使学生理解审计目标的概念及其决定因素,熟悉审计目标的发展历程,掌握当前我国注册会计师的总体审计目标,领悟注册会计师设定审计目标的逻辑,了解管理层和注册会计师在财务报表审计中的责任及其相互关系,学习如何将管理层的认定转化为具体的审计目标,并掌握项目审计目标的设定和审计目标的实际达成过程。

二、重要名词

1. 审计目标
2. 存在
3. 发生
4. 完整性
5. 准确性
6. 权利和义务

三、重难点问题

1. 审计总体目标与具体审计目标的关系是什么?
2. 如何根据管理层的认定确定具体审计目标?
3. 解释"发生"、"完整性"、"准确性"和"截止"这四个具体审计目标,并给出每个目标的实际操作例子。
4. 管理层认定在审计过程中的重要性是什么?
5. 解释一下什么叫管理层认定?

四、练习题

(一)单选题

1. 审计的总体目标是指注册会计师为完成整体审计工作而达到的预期目的,具体包括(   )方面。

    A. 合法性、公允性   B. 仅合法性
    C. 仅公允性   D. 效益性

2. 管理层认定中,"存在"认定涉及以下(　　)内容。
   A. 记录的资产、负债和所有者权益是存在的
   B. 所有应当记录的交易和事项均已记录
   C. 交易和事项已被恰当地汇总或分解且表述清楚
   D. 记录的资产由被审计单位拥有或控制

3. 具体审计目标中,"准确性"目标涉及以下(　　)内容。
   A. 确认已记录的交易是真实的
   B. 确认已发生的交易确实已经记录
   C. 确认交易记录于正确的会计期间
   D. 确认已记录的交易是按正确金额反映的

4. 在审计过程中,注册会计师通过实施(　　)审计程序来验证"发生"认定。
   A. 检查销售发票和发货记录
   B. 检查银行对账单和现金日记账
   C. 比较价格清单与发票上的价格
   D. 检查应收账款账龄分析表

5. 以下(　　)不是管理层认定的内容。
   A. 发生　　B. 完整性　　C. 准确性　　D. 审计意见

6. 注册会计师在审计过程中,如果发现被审计单位的财务报表存在重大错报,其主要责任是(　　)。
   A. 编制正确的财务报表
   B. 设计、执行和维护必要的内部控制
   C. 对财务报表整体是否不存在由于舞弊或错误导致的重大错报获取合理保证
   D. 向治理层报告所有发现的问题

7. 以下(　　)是"列报"认定的目标。
   A. 确认已记录的交易是真实的
   B. 确认已发生的交易确实已经记录
   C. 确认被审计单位记录的交易和事项已被恰当地汇总或分解且表述清楚
   D. 确认交易记录于正确的会计期间

8. 在审计存货时,以下(　　)审计程序与"存在"认定最相关。
   A. 实施存货监盘程序
   B. 检查发货单和销售发票的编号以及销售明细账
   C. 比较价格清单与发票上的价格、发货单与销售订购单上的数量是否一致
   D. 检查应收账款账龄分析表、评估计提的坏账准备是否充足

9. 如果被审计单位将销售折扣比例提高，注册会计师应关注（　　）认定的重大错报风险。
   A. 发生　　　B. 完整性　　　C. 分类　　　D. 准确性

10. 以下（　　）不是违反"完整性"认定的情况。
    A. 已收到材料，但发票账单一直未收到，至12月31日尚未进行账务处理
    B. 赊销一批产品给A公司，但由于财务人员请假，至12月31日尚未登记收入明细账
    C. 从银行提取现金1万元，但截至12月31日尚未登记银行存款明细账（已登记现金日记账）
    D. 发生销售商品退回，12月15日收到退回商品，由于盘点入库人员离职，截至12月31日尚未入账

4.1　单选题

（二）多选题

1. 下列各项中，属于期末账户余额及相关披露的认定的有（　　）。
   A. 分类　　　B. 截止　　　C. 发生　　　D. 完整性

2. 注册会计师的审计总体目标包括（　　）。
   A. 对财务报表整体是否不存在舞弊或错误导致的重大错报获取合理保证
   B. 对财务报表是否在所有重大方面按照适用的财务报告编制基础编制并发表审计意见
   C. 确保财务报表完全没有错误
   D. 仅对财务报表的合法性发表意见

3. 管理层认定中包括（　　）类别。
   A. 关于所审计期间各类交易、事项及相关披露的认定
   B. 关于期末账户余额及相关披露的认定
   C. 管理层对财务报表各组成要素的确认、计量、列报以及相关的披露作出了认定
   D. 仅包括财务报表的准确性和完整性

4. 具体审计目标中，"发生"认定涉及（　　）方面。
   A. 记录的交易或事项已发生
   B. 且与被审计单位有关
   C. 所有应当记录的交易和事项均已记录
   D. 交易和事项已被恰当地汇总或分解且表述清楚

5. 在审计过程中，（　　）活动与"完整性"认定相关。
   A. 确认已发生的交易确实已经记录
   B. 检查是否存在漏记的交易
   C. 确认交易记录于正确的会计期间

D. 确认资产、负债和所有者权益已记录于恰当的账户

6. （　　）因素会影响注册会计师对财务报表的审计。
   A. 财务报告的性质
   B. 审计程序的性质
   C. 在合理的时间内以合理的成本完成审计的需要
   D. 仅包括财务报告的性质

7. 以下（　　）是注册会计师在审计过程中需要考虑的"合理保证"。
   A. 提供一种高度但并非绝对的保证水平
   B. 获取充分、适当的审计证据将审计风险降至可接受的低水平
   C. 保证发现所有的错误和舞弊导致的重大错报
   D. 仅提供财务报表的合法性保证

8. 管理层和治理层的责任包括（　　）。
   A. 按照适用的财务报告框架的规定编制财务报表
   B. 设计、执行和维护必要的内部控制
   C. 向注册会计师提供必要的工作条件
   D. 仅包括编制财务报表和内部控制

9. 以下（　　）是注册会计师在审计过程中需要遵守的。
   A. 职业道德规范　　　　　B. 审计准则的规定
   C. 仅包括职业道德规范　　D. 仅包括审计准则的规定

10. 以下（　　）是管理层认定的内容。
    A. 发生　　B. 完整性　　C. 准确性　　D. 截止

11. 以下（　　）是具体审计目标。
    A. 确认已记录的交易是真实的
    B. 确认已发生的交易确实已经记录
    C. 确认交易记录于正确的会计期间
    D. 确认资产、负债和所有者权益已被恰当地汇总或分解且表述清楚

4.2　多选题

（三）判断题

1. 审计的总体目标是注册会计师为完成整体审计工作而达到的预期目的，包括对财务报表整体是否不存在舞弊或错误导致的重大错报获取合理保证。（　　）

2. 具体审计目标是指注册会计师通过实施审计程序以确定管理层在财务报表中确认的各类交易、账户余额、披露层次认定是否恰当。（　　）

3. 管理层认定中的"发生"认定指的是记录的交易或事项已发生，且与被审计单位有关。（　　）

4. "完整性"认定的目标是确保所有应计入存货的项目均已被记录。（   ）

5. 审计证据的充分性和适当性是注册会计师是否按照审计准则的规定执行审计工作的唯一标准。（   ）

6. 审计准则提供了审计准则的目的和范围，包括与其他审计准则的关系。（   ）

7. 合理保证意味着注册会计师能够绝对保证财务报表不存在任何错报。（   ）

8. 审计的固有限制意味着注册会计师在任何情况下都无法发现财务报表中所有的重大错报。（   ）

9. 管理层和治理层对编制财务报表承担完全责任，而注册会计师则对财务报表是否在所有重大方面按照财务报告框架编制并实现公允反映发表审计意见。（   ）

10. 如果财务报表存在重大错报，注册会计师通过审计没有能够发现，这将减轻管理层和治理层对财务报表的责任。（   ）

4.3 判断题

（四）简答题

1. B注册会计师负责审计乙公司2023年度的财务报表，在审计过程中，实施了如下的审计程序：

A. 审查固定资产明细账与实物资产清单，确认两者是否一致。

B. 对主要供应商的预付款项实施函证程序，核实其真实性。

C. 检查公司对2023年度尚未支付的应付账款是否已全部记录在账。

D. 核对管理费用明细表，确保其中的费用归属2023年度。

E. 审阅财务报表中披露的长期借款信息，确认其是否符合相关会计准则的披露要求。

要求：根据上述审计程序，请指明每一项审计程序主要针对的是哪个财务报表项目的哪个认定（每个审计程序仅限一个项目的一个认定）。

2. 明月会计师事务所的注册会计师C和D在对蓝星公司2024年度财务报表进行审计时，发现该公司的财务报表、期末账户余额及各类交易和事项可能存在下列导致重大错报的情况：

（1）销售收入的确认可能与实际发货不一致；

（2）期末存货（存货主要包括原材料和在产品）的计价可能未遵循成本与可变现净值孰低原则；

（3）固定资产的折旧可能未按照规定的折旧方法计算；

（4）可能存在未记录的应收账款；

（5）部分预计在一年内到期的长期投资可能未被正确分类；

（6）管理费用可能被错误地计入了其他账户。

要求：请根据上述情况，完成下表，指出每一项可能导致重大错报的情况对应的管理层认定类别、应执行的审计程序、审计目标以及审计证据的种类（见表4-1）。

表4-1　　　　　　　　审计目标与审计过程

序号	管理层的认定	审计程序	审计目标	审计证据的种类
1				
2				
3				
4				
5				
6				

4.4　简答题

（五）案例题

案例题目：斩断伸向扶贫资金的"黑手"

背景：四川省某县级市的一次扶贫资金专项审计中，审计人员发现多个问题。以下是审计中发现的具体情况：

1. 某村茶叶低改扶贫项目未实际开展，专项资金60万元长期滞留在账户上，未发挥应有扶贫效益。

2. 镇干部伪造补助人员花名册，私刻茶农印章，虚报补助款项，套取扶贫资金。

3. 某畜禽养殖专业合作社负责人与银行内部人员勾结，伪造贷款合同和支取凭证，骗取财政贴息6.8万元。

思考问题：

1. 针对情况1，审计目标是什么？审计人员应如何处理长期滞留的扶贫资金？

2. 针对情况2，如何通过审计手段识别虚假资料？该问题反映了扶贫资金管理中哪些主要风险？

3. 针对情况3，审计中应重点关注哪些程序，才能发现类似伪造贷款合同的问题？

4.5　案例题

资料来源：案例改编自中华人民共和国审计署网站"案例故事"栏目，《斩断伸向扶贫资金的"黑手"》，http://www.audit.gov.cn/n41n19/c78379/content.html。

第五章
审计证据和审计工作底稿

一、学习目标及要求

本章深入探讨了审计证据的概念、性质及其在审计中的重要性，要求学生掌握审计证据的获取、评估方法，并理解审计工作底稿的定义、作用以及编制和管理技巧。通过学习，学生应能独立运用不同审计程序收集审计证据，并评估其充分性和适当性，确保审计结论的准确性。同时，学生还需了解审计工作底稿在审计质量控制、监管检查和后续审计中的重要性。

二、重要名词

1. 审计证据
2. 充分性
3. 适当性
4. 审计程序
5. 审计工作底稿
6. 函证
7. 分析程序
8. 审计标识

三、重难点问题

1. 如何确定审计证据的充分性和适当性？
2. 不同类型审计证据的适用场景和特点是什么？
3. 审计程序中的检查、观察、询问、函证和分析程序各自的作用和区别是什么？
4. 审计工作底稿的编制要求和目的是什么？
5. 如何处理审计过程中发现的不一致和异常情况？
6. 审计证据和审计工作底稿在审计质量控制中扮演什么角色？
7. 函证程序中积极式函证与消极式函证的区别及其适用情况是什么？
8. 分析程序在审计中如何运用，以及其局限性有哪些？

四、练习题

（一）单选题

1. 下列有关审计证据的说法中，错误的是（　　）。
   A. 审计证据可能包括被审计单位聘请的专家编制的信息
   B. 审计证据主要是在审计过程中通过实施审计程序获取的
   C. 管理层拒绝提供注册会计师要求的书面声明，此时注册会计师未能获取任何审计证据
   D. 审计证据包括支持和佐证管理层认定的信息，也包括与这些认定相矛盾的信息

2. 下列有关审计证据充分性的说法中，错误的是（　　）。
   A. 审计证据的充分性是对审计证据数量的衡量，主要与确定的样本量有关
   B. 获取更多的审计证据可以弥补这些审计证据质量上的缺陷
   C. 注册会计师需要获取审计证据的数量受其对重大错报风险评估的影响
   D. 注册会计师需要获取审计证据的数量受审计证据质量的影响

3. 下列有关审计证据的充分性和适当性的说法中，错误的是（　　）。
   A. 只有充分且适当的审计证据才有证明力
   B. 审计证据的充分性和适当性分别是对审计证据数量和质量的衡量
   C. 审计证据的充分性会影响审计证据的适当性
   D. 审计证据的适当性会影响审计证据的充分性

4. 下列有关询问程序的说法中，错误的是（　　）。
   A. 询问适用于风险评估、控制测试和实质性程序
   B. 询问可以以口头或书面方式进行
   C. 注册会计师应当就管理层对询问作出的口头答复获取书面声明
   D. 询问是指注册会计师向被审计单位内部或外部的知情人员获取财务信息和非财务信息，并对答复进行评价的过程

5. 下列有关询证函回函可靠性的说法中，正确的是（　　）。
   A. 被询证者对于函证信息的直接口头回复是可靠的审计证据
   B. 由被审计单位转交注册会计师的回函不是可靠的审计证据
   C. 以电子形式收到的回函不是可靠的审计证据
   D. 询证函回函中的免责条款会削弱回函的可靠性

6. 下列有关分析程序的说法中，正确的是（　　）。
   A. 注册会计师应当在每个审计项目中将分析程序用作风险评

估程序、实质性程序和总体复核
B. 将分析程序用于风险评估程序时需要确定预期值
C. 细节测试比实质性分析程序更能有效地应对认定层次的重大错报风险
D. 注册会计师实施分析程序时，应当使用被审计单位外部的数据建立预期

7. 下列有关审计工作底稿的说法中，错误的是（　　）。
A. 审计工作底稿可以以纸质、电子或其他介质形式存在
B. 以电子形式存在的审计工作底稿转换成纸质存档后，可以不再保存电子版本
C. 审计工作底稿是审计证据的载体
D. 审计工作底稿的所有权属于承接审计业务的会计师事务所

8. 在编制审计工作底稿时，下列各项中，注册会计师通常认为不必形成最终审计工作底稿的是（　　）。
A. 注册会计师与管理层对重大事项进行讨论的结果
B. 注册会计师不能实现相关审计准则规定的目标的情形
C. 注册会计师识别出的信息与针对重大事项得出的最终结论不一致的情形
D. 注册会计师取得的已被取代的财务报表草稿

9. 下列各项中，不属于在审计工作底稿归档期间的事务性变动的是（　　）。
A. 对审计工作底稿进行分类和整理
B. 删除被取代的审计工作底稿
C. 将在审计报告日后获取的管理层书面声明放入审计工作底稿
D. 将在审计报告日前获取的、与项目组相关成员进行讨论后达成一致意见的审计证据放入审计工作底稿

10. 下列有关审计证据适当性的说法中，错误的是（　　）。
A. 审计证据的质量与审计证据的相关性和可靠性有关
B. 审计证据的充分性影响审计证据的适当性
C. 审计证据的适当性影响审计证据的充分性
D. 审计证据的数量无法弥补其质量上的缺陷

5.1　单选题

（二）多选题
1. 下列各项因素中，影响注册会计师需要获取审计证据的质量的有（　　）。
A. 获取的审计证据与审计目的的相关程度
B. 获取审计证据的具体环境
C. 评估的重大错报风险
D. 审计证据的来源

2. 下列审计程序中，不适用于控制测试的有（　　）。
   A. 询问　　　　　　　　　B. 分析程序
   C. 重新计算　　　　　　　D. 重新执行

3. 在设计询证函时，可能影响函证可靠性的因素主要包括（　　）。
   A. 函证的方式
   B. 拟函证信息的性质
   C. 选择被询证者的适当性
   D. 被询证者易于回函的信息类型

4. 下列有关注册会计师对函证的全过程保持控制的说法中，正确的有（　　）。
   A. 在询证函发出前，注册会计师需要恰当地设计询证函，并对询证函上的各项资料进行充分核对
   B. 注册会计师需要在询证函中填列回函地址，要求被询证者直接向注册会计师回函
   C. 注册会计师采取跟函方式发送并收回询证函时，需要在整个过程中保持对询证函的控制，对被审计单位和被询证者之间串通舞弊的风险保持警觉
   D. 询证函经被审计单位盖章后，应当由注册会计师直接发出

5. 下列各项中，通常会影响询证函回函的可靠性的有（　　）。
   A. 回函的及时性
   B. 回函包含的限制条款
   C. 询证函的发出及收回的控制情况
   D. 被询证者的客观性

6. 被询证者的回函中可能包括免责或其他限制条款。下列属于可能对回函的可靠性产生影响的限制条款的有（　　）。
   A. "提供的本信息仅出于礼貌，我方没有义务必须提供，我方不因此承担任何明示或暗示的责任、义务和担保"
   B. "本信息是从电子数据库取得，可能不包括被询证方所拥有的全部信息"
   C. "本信息不保证是最新的，其他方可能会持有不同意见"
   D. "接收人不能依赖函证中的信息"

7. 下列审计程序中，注册会计师在所有审计业务中均应当实施的有（　　）。
   A. 了解被审计单位的内部控制
   B. 在临近审计结束时，运用分析程序对财务报表进行总体复核
   C. 实施用作风险评估的分析程序
   D. 将财务报表与会计记录进行核对

8. 注册会计师在对财务报表总体的合理性实施分析程序时，如果识别出以前未识别的重大错报风险，注册会计师应当（   ）。
   A. 重新考虑全部或部分认定的风险评估是否恰当
   B. 重新评价之前计划的审计程序是否充分
   C. 考虑是否解除业务约定
   D. 考虑是否有必要追加审计程序

9. 下列有关注册会计师在设计审计工作底稿的格式、要素和范围时需要考虑的因素中，说法正确的有（   ）。
   A. 对大型被审计单位进行审计形成的工作底稿通常比小型被审计单位多
   B. 识别和评估的重大错报风险越高，需要实施的审计程序并形成的审计工作底稿越多
   C. 注册会计师实施不同的审计程序，编制的审计工作底稿基本相同
   D. 识别出的例外事项的性质和范围，影响审计工作底稿的编制

10. 在记录审计工作底稿时，应记录具体项目或事项的识别特征，下列有关识别特征的说法中，错误的有（   ）。
    A. 对询问程序，将询问人的姓名作为主要识别特征
    B. 对运用系统化抽样的审计程序，将抽样的起点作为识别特征
    C. 对运用系统化抽样的审计程序，将样本的来源作为主要识别特征
    D. 对被审计单位编制的订购单进行测试，将订购单的日期和唯一编号作为识别特征

11. 注册会计师在审计工作底稿归档期间作出的下列变动中，属于事务性变动的有（   ）。
    A. 删除管理层书面声明的草稿
    B. 将审计报告日前已收回的询证函进行编号和交叉索引
    C. 获取估值专家的评估报告最终版本并归入审计工作底稿
    D. 对审计档案归整工作的完成核对并签字认可

5.2 多选题

（三）判断题

1. 编制审计工作底稿的目的是便于后任注册会计师查阅及为涉及诉讼的被审计单位提供证据。（   ）

2. 注册会计师应对所有考虑过的事项和作出的职业判断都形成审计工作底稿。（   ）

3. 审计档案的所有权属于承接审计业务的会计师事务所。（   ）

4. 会计信息和其他的信息缺一不可。　　　　　　　　　　（　　）

5. 审计证据的数量影响获取的审计证据的质量。　　　　（　　）

6. 审计无须鉴定文件记录的真伪。　　　　　　　　　　（　　）

7. 注册会计师无须在了解被审计单位及其环境、适用的财务报告编制基础和内部控制体系各要素的每一方面时都实施分析程序。
　　　　　　　　　　　　　　　　　　　　　　　　　（　　）

8. 与实质性分析程序相比，在风险评估过程中使用的分析程序并不足以提供充分、适当的审计证据。　　　　　　　　（　　）

9. 细节测试通常能够比实质性分析程序更有效地降低认定层次的检查风险，在某些情况下，单独实施实质性分析程序也可能获取充分、适当的审计证据。　　　　　　　　　　　　　　　　　　（　　）

10. 审计证据的充分性仅与审计证据的数量有关，而与审计证据的质量无关。　　　　　　　　　　　　　　　　　　　　（　　）

11. 审计工作底稿可以代替被审计单位的会计记录。　　（　　）

5.3　判断题

（四）简答题

1. ABC 会计师事务所的 A 注册会计师负责审计甲公司 2022 年度财务报表。与函证相关的部分事项如下：

（1）甲公司持有乙公司 40% 股权，2022 年通过与持有乙公司 20% 股权的丙公司签署一致行动协议，取得对乙公司的控制权。A 注册会计师向乙公司函证了其股东持股情况以及股东间的一致行动协议，回函结果满意。

（2）A 注册会计师在知悉多份回函被直接寄至甲公司后，要求甲公司不得拆封，并将其转寄至 ABC 会计师事务所。A 注册会计师收到了未拆封的函件，回函相符，据此认可了函证结果。

（3）在 A 注册会计师以邮寄方式向甲公司境外客户丁公司的财务部发出应收账款余额询证函后，收到丁公司业务部的电子邮件回函。A 注册会计师比对了回函邮箱地址后缀，并向丁公司业务部电话确认了回函信息，结果满意，据此认可了函证结果。

（4）A 注册会计师向戊公司函证了 2022 年度甲公司向戊公司的销售金额，回函相符。因在随后实施的收入截止测试中发现，甲公司将一笔应在 2023 年度确认的收入计入 2022 年度，A 注册会计师根据调整后的金额再次向戊公司函证，回函相符，据此认可了函证结果。

（5）A 注册会计师对甲公司应付己公司的账款实施了函证，因临近审计报告日未收到回函，通过电话向己公司确认了函证信息，要求己公司将回函直接寄回，并实施了替代审计程序，结果满意。审计报告日后，A 注册会计师收到已公司确认无误的书面回函，将其归入审计工作底稿。

要求：针对上述第（1）至（5）项，逐项指出 A 注册会计师的做法是否恰当。如不恰当，简要说明理由。

2. ABC 会计师事务所的 A 注册会计师负责审计甲公司 2021 年度财务报表。与审计工作底稿相关的部分事项摘录如下：

（1）因在测试材料采购相关控制时发现控制未得到有效执行，A 注册会计师将材料采购的审计方案由综合性方案改为实质性方案，并重新编制审计计划工作底稿，删除了被取代的原审计计划的工作底稿。

（2）A 注册会计师在对甲公司的原材料采购业务选取采购订单实施细节测试时，以单笔订单作为抽样单元，将供应商名称作为测试订单的识别特征记录于审计工作底稿中。

（3）A 注册会计师在审计工作底稿归档期间，对审计工作底稿进行交叉索引，并对审计档案归档工作的完成核对表签字认可。

（4）A 注册会计师在审计工作底稿归档期间收到一份应付账款询证函回函，回函结果与审计报告日前对该项目实施替代程序得出的审计结论一致。A 注册会计师将该回函归入审计工作底稿中，并删除记录替代程序的审计工作底稿。

（5）A 注册会计师根据所内质量检查的要求，在归档后的审计工作底稿中补充记录了审计报告日前项目组讨论的情况。对该事务性变动，A 注册会计师将修改审计工作底稿的理由，以及修改的时间和人员记录于档案变动登记表后，归还了审计档案。

要求：针对上述第（1）至（5）项，逐项指出 A 注册会计师的做法是否恰当，如不恰当，简要说明理由。

5.4 简答题

（五）案例题

案例：獐子岛：生物资产审计

獐子岛集团是一家主要从事海珍品养殖、加工和销售的企业，其核心资产包括大规模的海洋生物资源，如扇贝和海参。在某年度财务报表审计中，审计团队面临以下挑战：

生物资产的计量和估值：由于海洋生物的生长受自然环境影响较大，如何准确计量和估值这些生物资产成为审计的难点。

存货的存在性和完整性：鉴于海洋生物的流动性和不可见性，确认存货的实际存在性和完整性需要特殊的审计程序。

内部控制的有效性：公司在生物资产管理方面的内部控制是否健全，直接影响财务报表的可靠性。

审计程序：

获取审计证据：审计团队通过实地查看养殖海域、抽样检测生物资产的生长情况，并参考市场价格，获取充分、适当的审计证据。

评估内部控制：审计人员评估公司在生物资产管理方面的内部控制，包括养殖记录、监控系统和定期盘点制度等。

编制审计工作底稿：详细记录审计计划、实施的审计程序、获取的审计证据，以及得出的审计结论，确保审计工作底稿的完整性和可追溯性。

思考问题：

1. 在生物资产审计中，如何确保获取的审计证据具有充分性和适当性？

2. 面对生物资产的特殊性，审计工作底稿应包含哪些关键内容以支持审计结论？

3. 如何评价公司在生物资产管理方面的内部控制有效性，并将其影响反映在审计报告中？

资料来源：李晓慧、郑海英编著：《审计教学案例精选》，北京大学出版社 2018 年版。

5.5　案例题

第六章 审计风险和审计重要性

一、学习目标及要求

本部分旨在引导学习者理解审计风险及其模型的内涵,并能熟练运用该模型进行分析,深刻领会重要性概念,熟练掌握重要性水平制定的方法与考量因素,明确区分计划的重要性与实际执行的重要性及其各自意义,清晰理解错报的概念与分类。

二、重要名词

1. 审计风险
2. 重大错报风险
3. 检查风险
4. 固有风险
5. 控制风险
6. 重要性
7. 财务报表整体的重要性水平
8. 适用于特定交易类别、账户余额和披露的重要性水平
9. 实际执行的重要性水平
10. 明显微小错报临界值
11. 错报

三、重难点问题

1. 请解释审计风险、重大错报风险和检查风险之间的关系。
2. 区分财务报表层次重大错报风险和认定层次重大错报风险。分别列举一些可能导致这两种风险的因素。
3. 注册会计师可以通过哪些方式降低检查风险?
4. 固有风险是什么?举一个例子说明企业的哪些业务活动或财务处理容易产生较高的固有风险?

5. 重要性在审计工作中有何重要意义？从财务报表使用者的角度出发，讨论如何确定财务报表整体的重要性水平。

6. 如果财务报表整体的重要性水平判断失误，过高或过低会对审计工作产生怎样的不利影响？

7. 请举例说明在哪些特定交易类别、账户余额或披露事项中，需要单独确定重要性水平？

8. 解释实际执行的重要性水平的概念及其在审计过程中的作用。

9. 错报有哪几种类型？请分别举例说明事实错报、判断错报和推断错报在实际审计工作中是如何产生的。

四、练习题

（一）单选题

1. XYZ 会计师事务所承接了乙上市公司 2024 年度的财务报表审计业务，派出了 A 注册会计师进入乙上市公司进行审计，A 注册会计师按资产总额 5 000 万元的 0.2% 计算了资产负债表的重要性水平，按净利润 600 万元的 2% 计算了利润表的重要性水平，则其最终作为财务报表层次的重要性水平是（　　）万元。

    A. 11　　　　B. 0　　　　C. 10　　　　D. 12

2. 下列关于重大错报风险的说法中，错误的是（　　）。

    A. 重大错报风险是指财务报表在审计前存在重大错报的可能性

    B. 重大错报风险包括财务报表层次和各类交易、账户余额以及列报和披露认定层次的重大错报风险

    C. 财务报表层次的重大错报风险通常与控制环境有关，但也可能与其他因素有关

    D. 财务报表层次的重大错报风险可以进一步细分为固有风险和控制风险

3. 以下关于审计重要性的说法中，错误的是（　　）。

    A. 重要性水平是一个经验值，注册会计师只能通过职业判断确定重要性水平

    B. 重要性包括对数量和性质两个方面的考虑，在考虑性质因素时，需要考虑错报对遵守法律法规要求、财务报表使用者的经济决策等方面的影响

    C. 重要性水平一旦确定，不得随意变更，如果注册会计师在审计过程中发现被审计单位情况发生重大变化，可能需要修改重要性水平

    D. 注册会计师在确定计划的重要性水平时，需要考虑被审计单位管理层对财务报表的预期使用者及其对财务信息的需求

4. 在确定财务报表层次的重要性水平时，通常先选定一个基准。下列各项中，对基准的选择不恰当的是（   ）。
   A. 对于盈利水平保持稳定的企业，以经常性业务的税前利润作为基准
   B. 对于侧重于抢占市场份额的新兴企业，以营业收入作为基准
   C. 对于公益性质的基金会，以捐赠收入或捐赠支出总额作为基准
   D. 对于处于开办期的企业，以经常性业务的税前利润作为基准

5. 注册会计师在确定重要性水平时，不需要考虑的因素是（   ）。
   A. 与具体项目计量相关的固有不确定性
   B. 财务报表使用者的经济决策受错报影响的程度
   C. 审计风险
   D. 财务报表项目的金额及其波动幅度

6. 当可接受的检查风险降低时，注册会计师可能采取的措施是（   ）。
   A. 缩小实质性程序的范围
   B. 将计划实施实质性程序的时间从期中移至期末
   C. 降低评估的重大错报风险
   D. 消除固有风险

7. 下列有关审计风险的说法中，正确的是（   ）。
   A. 审计风险是指如果存在某一错报，该错报单独或连同其他错报可能是重大的，注册会计师为将审计风险降至可接受的低水平而实施程序后没有发现这种错报的风险
   B. 审计风险取决于重大错报风险和控制风险
   C. 注册会计师可以通过实施审计程序，将重大错报风险降低至可接受的低水平
   D. 审计风险是指财务报表存在重大错报时，注册会计师发表不恰当审计意见的可能性

8. 以下关于固有风险的说法中，不正确的是（   ）。
   A. 固有风险是指在考虑内部控制之前，某类交易、账户余额或披露的某一认定易于发生错报的可能性
   B. 固有风险受被审计单位行业特点、经营性质、业务复杂程度等因素影响
   C. 产生经营风险的外部因素不会影响固有风险
   D. 复杂的金融衍生工具交易比简单的商品销售交易固有风险更高

9. 下列各项中，引起检查风险的是（   ）。

    A. 重大错报没有被内部控制及时防止或发现并纠正

    B. 审计程序设计得不合理

    C. 被审计单位流动资金匮乏

    D. 注册会计师发表不恰当审计意见

10. 注册会计师实施风险评估程序和进一步审计程序后，认为某项交易不存在重大错报，而实际上存在重大错报，此时的风险是（   ）。

    A. 重大错报风险   B. 审计风险

    C. 检查风险   D. 控制风险

11. 下列有关审计风险模型的相关说法中，正确的是（   ）。

    A. 对于识别出的认定层次的重大错报风险，注册会计师应当分别评估固有风险和控制风险

    B. 对于识别出的财务报表层次的重大错报风险，注册会计师应当合并评估固有风险和控制风险

    C. 审计风险模型用数学模型表示为：重大错报风险 = 固有风险 × 控制风险

    D. 注册会计师通过降低重大错报风险和检查风险以降低审计风险

12. 下列关于审计风险各要素的说法中，不正确的是（   ）。

    A. 审计风险是预先设定的，取决于固有风险和检查风险

    B. 重大错报风险是指财务报表在审计前存在重大错报的可能性

    C. 控制风险是指某类交易、账户余额或披露的某一认定发生错报，该错报单独或连同其他错报可能是重大的，但没有被内部控制及时防止或发现并纠正的可能性

    D. 检查风险是指如果存在某一错报，该错报单独或连同其他错报可能是重大的，注册会计师为将审计风险降至可接受的低水平而实施程序后没有发现这种错报的风险

13. 注册会计师在审计过程中，需要运用重要性概念来确定审计程序的性质、时间和范围。下列关于重要性的说法中，错误的是（   ）。

    A. 重要性取决于在具体环境下对错报金额和性质的判断

    B. 如果一项错报单独或连同其他错报可能影响财务报表使用者依据财务报表作出的经济决策，则该项错报是重大的

    C. 确定财务报表整体的重要性时，无须考虑被审计单位治理层对注册会计师与其沟通错报的期望

    D. 重要性水平一旦确定，在审计过程中就不得变更

14. 在确定明显微小错报的临界值时，注册会计师通常不需要考虑的因素是（   ）。
   A. 以前年度审计中识别出的错报（包括已更正和未更正错报）的数量和金额
   B. 重大错报风险的评估结果
   C. 被审计单位治理层和管理层对注册会计师与其沟通错报的期望
   D. 审计证据的充分性和适当性

15. 下列关于错报的说法中，正确的是（   ）。
   A. 错报仅指某一财务报表项目的金额与按照适用的财务报告编制基础应当列示的金额之间存在的差异
   B. 事实错报是由于注册会计师认为管理层对会计估计作出不合理的判断或不恰当地选择和运用会计政策而导致的差异
   C. 判断错报是指产生于被审计单位收集和处理数据的错误、对事实的忽略或误解，或故意舞弊行为的错报
   D. 推断错报是注册会计师对总体存在的错报作出的最佳估计数，涉及根据在审计样本中识别出的错报来推断总体的错报

6.1 单选题

（二）多选题

1. 审计风险的特征包括（   ）。
   A. 客观性   B. 偶然性   C. 可控性   D. 普遍性

2. 下列关于重大错报风险的说法中，正确的有（   ）。
   A. 重大错报风险是指财务报表在审计前存在重大错报的可能性
   B. 重大错报风险包括财务报表层次和认定层次的重大错报风险
   C. 认定层次的重大错报风险可以进一步细分为固有风险和控制风险
   D. 固有风险和控制风险均可被完全消除

3. 注册会计师在确定财务报表层次的重要性水平时，需要考虑的因素有（   ）。
   A. 财务报表要素
   B. 是否存在特定会计主体的财务报表使用者特别关注的项目
   C. 被审计单位的性质、所处的生命周期阶段以及所处的行业和经济环境
   D. 被审计单位的所有权结构和融资方式

4. 以下关于实际执行的重要性的说法中，正确的有（   ）。
   A. 实际执行的重要性是指注册会计师确定的低于财务报告整体的重要性的一个或多个金额

B. 确定实际执行的重要性应考虑对被审计单位的了解、前期审计工作中识别出的错报的性质和范围以及根据前期识别出的错报对本期错报作出的预期

C. 实际执行的重要性水平一般为计划的重要性水平的50%至75%

D. 实际执行的重要性可以简单理解为注册会计师为使最终的审计风险处于可接受范围内，在原有重要性的基础上进一步压缩重要性

5. 下列关于检查风险的说法中，正确的有（　　）。

A. 检查风险取决于审计程序设计的合理性和执行的有效性

B. 注册会计师可以通过合理设计和有效执行审计程序来降低检查风险

C. 由于注册会计师通常并不对所有交易、账户余额和披露进行检查，以及其他原因，不可能将检查风险降低为零

D. 检查风险是指某一认定存在错报，该错报单独或连同其他错报可能是重大的，但注册会计师未能发现这种错报的可能性

6. 下列各项中，属于错报的类型的有（　　）。

A. 事实错报　　　　　　　B. 判断错报
C. 推断错报　　　　　　　D. 明显微小错报

7. 在确定明显微小错报的临界值时，注册会计师可能考虑的因素有（　　）。

A. 以前年度审计中识别出的错报（包括已更正和未更正错报）的数量和金额

B. 重大错报风险的评估结果

C. 被审计单位治理层和管理层对注册会计师与其沟通错报的期望

D. 被审计单位的财务指标是否勉强达到监管机构的要求或投资者的期望

8. 下列关于审计风险模型的说法中，正确的有（　　）。

A. 审计风险 = 重大错报风险 × 检查风险

B. 在既定的审计风险水平下，可接受的检查风险水平与认定层次重大错报风险的评估结果呈反向关系

C. 评估的重大错报风险越高，注册会计师可接受的检查风险水平就越低

D. 重大错报风险越高，注册会计师需要获取的审计证据就越多

9. 下列各情形中，体现出固有风险较高的有（　　）。

A. 某类交易涉及复杂的计算

B. 受重大计量不确定性影响的会计估计

C. 技术进步导致某项产品陈旧

D. 对高价值的、易转移的存货缺乏实物安全控制

10. 下列风险中，与被审计单位的风险相关，且独立于财务报表审计而存在的有（　　）。

　　A. 固有风险　　　　　　B. 控制风险

　　C. 检查风险　　　　　　D. 重大错报风险

11. 注册会计师在审计过程中，可能需要修改财务报表整体的重要性和特定类别的交易、账户余额或披露的重要性水平的原因有（　　）。

　　A. 审计过程中情况发生重大变化

　　B. 获取新信息

　　C. 通过实施进一步审计程序，注册会计师对被审计单位及其经营所了解的情况发生变化

　　D. 被审计单位管理层要求修改

12. 下列关于重要性的说法中，正确的有（　　）。

　　A. 一个审计项目中只能有一个重要性水平

　　B. 重要性取决于在具体环境下对错报金额和性质的判断

　　C. 对重要性的判断离不开注册会计师的职业判断

　　D. 判断某事项对财务报表使用者是否重大，是在考虑财务报表使用者整体共同的财务信息需求的基础上作出的

13. 下列有关审计风险的说法中，正确的有（　　）。

　　A. 审计风险是指财务报表存在重大错报时，注册会计师发表不恰当审计意见的可能性

　　B. 审计风险取决于重大错报风险和检查风险

　　C. 注册会计师可以通过实施审计程序，降低审计风险，但不能将其降至零

　　D. 审计风险是一个与审计过程相关的技术术语，不包括注册会计师执行业务的法律后果

14. 下列关于财务报表层次重大错报风险的说法中，正确的有（　　）。

　　A. 财务报表层次重大错报风险与财务报表整体存在广泛联系，可能影响多项认定

　　B. 此类风险通常与控制环境有关，如管理层缺乏诚信、治理层形同虚设而不能对管理层进行有效监督等

　　C. 经济萧条、企业所在行业处于衰退期等也可能导致财务报表层次重大错报风险

　　D. 财务报表层次重大错报风险难以被界定于某类交易、账户余额、列报的具体认定

15. 下列关于认定层次重大错报风险的说法中，正确的有（　　）。
   A. 认定层次的重大错报风险是指与某类交易、事项，期末账户余额或财务报表披露相关的重大错报风险
   B. 可以进一步细分为固有风险和控制风险
   C. 固有风险是指在考虑相关的内部控制之后，某类交易、账户余额或披露的某一认定易于发生错报的可能性
   D. 控制风险是指某类交易、账户余额或披露的某一认定发生错报，该错报单独或连同其他错报可能是重大的，但没有被内部控制及时防止或发现并纠正的可能性

6.2　多选题

（三）判断题

1. 注册会计师可以通过实施实质性程序将重大错报风险降低至可接受的低水平。（　　）

2. 重要性水平越高，意味着注册会计师可以容忍的错报金额越大，所需获取的审计证据数量越少。（　　）

3. 财务报表整体的重要性水平一旦确定，在整个审计过程中都不能进行调整。（　　）

4. 对于小型被审计单位，由于其业务简单，注册会计师可以不考虑固有风险和控制风险，直接进行实质性程序。（　　）

5. 审计风险模型中的重大错报风险是指注册会计师评估的认定层次的重大错报风险。（　　）

6. 注册会计师在确定明显微小错报临界值时，只需要考虑被审计单位的财务状况，不需要考虑其经营环境。（　　）

7. 固有风险只受被审计单位内部因素影响，与外部环境无关。（　　）

8. 审计计划阶段确定的财务报表整体的重要性水平在审计执行阶段和报告阶段可能会进行修改，进而可能引起实际执行的重要性水平的修改。（　　）

9. 控制风险与内部控制的设计和执行有效性直接相关，内部控制越有效，控制风险越低。（　　）

10. 审计风险是客观存在的，注册会计师只能通过各种措施降低审计风险，而无法完全消除审计风险。（　　）

6.3　判断题

（四）简答题

1. 某公司计划申请首次公开发行股票（IPO），正在接受审计。审计项目组在讨论审计相关问题时，有以下观点：

（1）小陈说："IPO审计风险极高，我们要通过详细审计程序确保完全消除重大错报风险，这样才能出具准确的审计报告，帮助公司顺利上市。"

（2）小周说："重要性水平的制定要参考个体使用者的意见，尤

其是那些持有较多股份的大股东。"

（3）小吴说："对于这家公司，财务报表整体重要性水平是关键，只要保证整体层面没有重大错报，就无须关注特定交易类别、账户余额或披露是否存在重大问题。"

（4）小郑说："在审计中，如果不确定一个或多个错报是否明显微小，就不能认为这些错报是明显微小的。"

（5）小冯说："审计风险模型中重大错报风险只受被审计单位自身内部控制影响，与外部环境和行业竞争状况无关，我们审计师主要通过控制检查风险来把控审计风险。"

要求：请分别判断上述各位观点是否正确，若不正确请说明理由。

2. 甲公司是一家医药上市公司，注册会计师负责对其2024年度财务报表进行审计。本项目中可接受的审计风险为5%。在审计过程中，出现了以下情况：

第一，注册会计师确定的财务报表层次重要性水平为200万元。在审计过程中，发现甲公司某项资产的账面价值为150万元，而该资产的公允价值应为130万元。

第二，注册会计师在评估重大错报风险时，认为固有风险为70%，控制风险为40%。

第三，在审计计划中，注册会计师考虑到甲公司行业的特殊性，认为应对研发费用设置特定交易类别、账户余额或披露的重要性水平。

第四，注册会计师认为，甲公司的某项会计政策变更可能对财务报表产生重大影响，但甲公司管理层未在财务报表附注中充分披露相关信息。

要求：请根据上述情况，回答以下问题：

（1）该资产的错报是否会影响审计意见类型？请说明理由。

（2）计算注册会计师可接受的检查风险水平。

（3）第三种情况中注册会计师的做法是否恰当？

（4）针对会计政策变更未充分披露的情况，这属于错报吗？错报可能由哪些原因导致？

（5）审计工作中，注册会计师会设置实际执行的重要性水平，请你说明这一做法的原因。

3. 继2023年后，ABC会计师事务所再次承接了甲公司2024年财务报表审计业务，ABC会计师事务所在确定重要性和实际执行的重要性时，作出下列判断：

（1）判断某事项是否重大，只需考虑财务报表使用者整体共同的财务信息需求，无须考虑个别财务报表使用者对财务信息的需求。

（2）特定交易类别、账户余额和披露的重要性水平应在制定总体审计策略时确定,而非决定对其实施审计程序时。

(3) 财务报表整体的重要性虽在确定后通常保持稳定,但在审计过程中如遇审计环境重大变化、获取新信息等情况,可进行调整。

(4) 当甲公司处于微利状态时,不宜采用业务的税前利润为基准确定重要性,可考虑其他合适基准,如营业收入、资产总额等。

(5) 若甲公司经营规模较上年度未发生重大变化,注册会计师使用替代基准确定重要性水平,且2024年重要性水平为350万元、2023年为300万元,需说明替代基准的选择依据及重要性水平变化的合理理由。

(6) 若2023年审计过程中了解到甲公司内部控制运行有效,在确定2024年财务报表审计的实际执行的重要性时,注册会计师可考虑选择较高的百分比,前提是有充分证据支持内部控制持续有效。

要求:针对上述每一项内容,逐一判断是否存在不合理、不恰当的地方,并简洁地阐述存在不恰当之处的原因或者不存在不恰当之处的依据。

6.4 简答题

(五) 案例题

中国注册会计师协会关于做好上市公司年报审计工作的通知

注册会计师审计是社会主义市场经济体系的重要制度安排,党中央高度重视注册会计师行业发展,习近平总书记多次对行业改革发展作出重要指示批示。上市公司2023年年报审计工作要坚持以习近平新时代中国特色社会主义思想为指导,深入贯彻落实党的二十大精神和《关于进一步加强财会监督工作的意见》《国务院办公厅关于进一步规范财务审计秩序 促进注册会计师行业健康发展的意见》有关要求,聚焦提升审计质量,守住诚信操守底线,筑牢法律法规红线,坚持风险导向审计理念,独立、客观、公正、规范执业,扎实做好年报审计工作,切实履行事务所执业监督职责,为行业高质量发展、更好服务中国式现代化建设作出贡献。

通知强调注册会计师要密切关注国际国内社会经济环境对上市公司运营的影响,贯彻落实风险导向审计理念,充分识别和评估可能存在的重大错报风险,有效应对舞弊风险,获取充分、适当的审计证据,恰当发表审计意见。重点关注金融类、房地产、医药等重点行业上市公司的年报审计风险,对上市公司年报存在异常的,应当保持高度的职业怀疑,作出恰当的职业判断。

通知还要求注册会计师要高度关注下列高风险领域,更有效地识别、评估和应对财务报表重大错报风险。

一是收入审计。注册会计师要保持职业怀疑,关注收入相关内部控制设计和执行的有效性,基于收入确认存在舞弊风险的假定,评价哪些类型的收入、收入交易或认定存在舞弊风险;基于上市公司的实际交易模式、商业目的、交易定价机制、购销交易的流程及双方权利和义务等,判断交易的真实背景和商业实质,并重点关注海外销售收入、新业务模式或新产品收入、关联交易形成的收入、存在业绩对赌或其他业绩承诺的业务板块收入真实性与合理性;关注合同中每项履约义务是否恰当区分主要责任人和代理人身份,并相应地按照总额法或净额法确认收入;关注上市公司是否存在复杂收入安排,收入确认是否涉及较多的管理层判断,充分评估收入确认时点的准确性,按照时段法确认收入是否满足企业会计准则要求的条件,是否存在跨期问题;关注毛利率较高或报告期毛利率波动较大、现金流量与收入不匹配、收入与外部渠道信息不符、特殊收付款安排、期后退款等情况;关注收入函证及应收账款、合同负债等科目函证的回函情况,恰当评价回函可靠性;借助数据分析工具,加强对收入财务数据、业务运营数据的多维度分析,有效识别异常并实施有针对性的审计程序。

二是金融工具审计。注册会计师要关注上市公司适用金融工具系列准则规定与要求的情况,特别是金融工具分类的恰当性,是否存在债务工具与权益工具划分不当、金融工具分类随意调整等情形;关注金融工具计价的准确性;关注预期信用损失模型的运用,是否恰当识别和评估信用风险特征,是否考虑前瞻性因素对金融资产减值准备的调整,判断预期信用损失模型所使用参数的相关性和准确性,恰当识别及应对金融资产减值相关的重大错报风险;关注上市公司在客户信用风险特征发生变化时,是否及时调整组合划分情况并恰当计提信用损失准备;关注预期信用减值测试中是否存在通过改变结算方式重新计算账龄、提供增信措施重新计算损失额、变更结算对手重新计算账龄和损失额等方式调节减值损失金额等情况;关注资金集中管理的相关金融工具列报是否恰当。

三是资产减值审计。注册会计师要设计和实施审计程序,复核与资产减值相关的会计估计是否存在偏向,并评价产生这种偏向的环境是否表明存在舞弊导致的重大错报风险;充分考虑上市公司年度经营状况和未来盈利能力,综合判断相关资产是否存在减值迹象,检查减值准备计提的合理性和准确性;了解管理层是否聘请专家协助执行资产减值测试,评价其专业胜任能力、独立性、评估采用的估值方法和数据,以及将管理层的专家的工作用作相关认定的审计证据的适当性;评价管理层商誉分摊方法的恰当性和盈利预测的合理性,是否将商誉合理分摊至资产组或资产组组合进行减值测试;关注是否恰当披露减值测试方法、关键假设及减值测试所使用的增长率、毛利率、折现率等关键参数;对存在前期资产减值转回等情形的,要重点关注是否存在业绩操纵及转回事项的商业合理性。

四是货币资金审计。注册会计师要关注货币资金的真实性，严格实施银行函证程序，保持对函证全过程控制，恰当评价回函可靠性，深入调查不符事项或函证程序中发现的异常情况；分析利息收入和财务费用的合理性，关注存款规模与利息收入是否匹配，是否存在"存贷双高"现象；关注是否存在与上市公司实际控制人相关的资金归集业务或资金管理协议，是否存在未披露的资金受限及关联方资金占用等情况；关注资金存放于公司注册地或业务活动以外地区的合理性，以及大额定期存款或大额存单的合理性；关注是否存在大额境外资金，是否存在缺少商业实质或与交易金额不相匹配的大额资金或汇票往来等异常情况。

五是集团审计。注册会计师在进行充分风险评估的基础上，应恰当识别集团层面的重大错报风险、识别重要组成部分、确定组成部分重要性水平；对于组成部分财务信息，集团项目审计组应当确定由其亲自执行或由组成部分注册会计师代为执行的工作类型，关注重要组成部分注册会计师是否具有必要的专业胜任能力，并与组成部分注册会计师全程进行有效双向沟通；关注上市公司是否以控制为基础确定合并财务报表的范围，并据此确定合并财务报表的合并范围是否恰当，评估未纳入合并范围的子公司可能对财务报告整体产生的影响，分析有无人为调整合并范围的情形；关注合并财务报表范围变化时，上市公司是否正确处理未实现的内部交易损益。

六是会计政策和会计估计审计。注册会计师要结合上市公司经营状况的变化及企业会计准则相关要求，充分了解变更会计政策和会计估计的意图与合理性，尤其应当关注会计政策和会计估计变更前后经营成果发生的重大变化，判断上市公司是否存在通过会计政策和会计估计变更实现扭亏为盈；要根据识别的舞弊风险因素或异常迹象，关注上市公司异常或偶发交易的重要会计政策变更，分析是否存在滥用会计政策和会计估计变更调节资产和利润等情况。

此外，注册会计师还应重点关注关联方交易、股份支付、期后事项及大股东占用资金等相关领域的审计风险。

思考问题：

1. 结合上述中国注册会计师协会的通知，谈谈注册会计师审计在守护国家经济中的重要性。

2. 通知一再强调注册会计师要密切关注国际国内社会经济环境对上市公司运营的影响，请问这与审计风险有何关联？

3. 对于通知要求注册会计师要高度关注的几个高风险领域，你作为审计人员认为应该如何去识别与评估相关的重大错报风险？

资料来源：节选自：中注协关于做好上市公司 2023 年年报审计工作的通知，中注协，https://www.cicpa.org.cn/xxfb/tzgg/202312/t20231229_64601.html。

第七章 审 计 抽 样

一、学习目标及要求

本章重点介绍审计抽样的概念、特征及其在审计中的应用，旨在帮助学生掌握审计抽样的基本原理及操作技巧。通过学习，学生须达到以下目标：能够理解审计抽样的概念及其适用性，掌握统计抽样和非统计抽样的特点和差异，熟悉抽样风险和非抽样风险的控制方法。此外，要求学生学会在控制测试和细节测试中设计样本、确定样本规模、选取样本并评价样本结果，能够通过实际案例分析总结审计抽样的应用场景和效果，提升解决实际审计问题的能力。

二、重要名词

1. 审计抽样 2. 抽样风险
3. 非抽样风险 4. 统计抽样
5. 非统计抽样 6. 信赖过度风险
7. 误受风险 8. 样本规模

三、重难点问题

1. 如何设计合理的审计抽样计划以确保样本的代表性？
2. 抽样风险与非抽样风险的主要区别及其在审计中的具体体现是什么？
3. 在控制测试中如何选择适当的抽样方法（如随机抽样、系统抽样）？
4. 样本规模的确定需要考虑哪些关键因素？
5. 如何判断总体偏差率与样本偏差率的关系以评价审计结果？
6. 统计抽样与非统计抽样在不同审计情境中的应用优势是什么？
7. 如何通过抽样结果有效推断总体的重大错报风险？

8. 面对抽样过程中发现的异常情况，应采取哪些应对措施以完善审计结论？

四、练习题

（一）单选题

1. 下列有关审计抽样的样本代表性的说法中，错误的是（   ）。
   A. 样本代表性与如何选取样本无关
   B. 样本代表性与整个样本而非样本中的单个项目相关
   C. 样本代表性与样本规模无关
   D. 样本代表性通常与错报的发生率相关

2. 下列与内部控制有关的审计工作，通常可以使用审计抽样的是（   ）。
   A. 评价内部控制设计的合理性
   B. 确定控制是否得到执行
   C. 测试自动化信息处理控制的运行有效性
   D. 测试留下运行轨迹的人工控制的运行有效性

3. 下列有关抽样风险的说法中，错误的是（   ）。
   A. 相较于影响审计效率的抽样风险，注册会计师更应关注影响审计效果的抽样风险
   B. 审计程序设计不当导致的风险属于抽样风险
   C. 抽样风险是指注册会计师根据样本得出的结论，不同于对整个总体实施与样本相同的审计程序得出的结论的可能性
   D. 抽样风险与样本规模呈反向变动关系

4. 注册会计师在细节测试中运用非统计抽样时，下列有关评价样本结果的说法中正确的是（   ）。
   A. 如果推断的总体错报等于可容忍错报，则总体可以接受
   B. 如果推断的总体错报低于但接近可容忍错报，则总体可以接受
   C. 如果推断的总体错报低于可容忍错报，但差距既不很小又不很大时，注册会计师应当仔细考虑，总体实际错报超过可容忍错报的风险是否高得无法接受
   D. 如果推断的总体错报远远小于可容忍错报，则总体不可以接受

5. 下列各项中，不会导致非抽样风险的是（   ）。
   A. 注册会计师选择的总体不适合于测试目标
   B. 注册会计师未能适当地定义误差
   C. 注册会计师未对总体中的所有项目进行测试
   D. 注册会计师未能适当地评价审计发现的情况

6. 下列有关统计抽样和非统计抽样的说法中，错误的是（　　）。
    A. 注册会计师应当根据具体情况并运用职业判断，确定使用统计抽样或非统计抽样方法
    B. 注册会计师在统计抽样与非统计抽样方法之间进行选择时主要考虑成本效益
    C. 非统计抽样如果设计适当，也能提供与统计抽样方法同样有效的结果
    D. 注册会计师使用非统计抽样时，不需要考虑抽样风险

7. 下列有关样本规模的说法中，正确的是（　　）。
    A. 注册会计师愿意接受的抽样风险越高，样本规模越大
    B. 在控制测试中，注册会计师确定的可容忍偏差率越低，样本规模越小
    C. 在细节测试中，总体规模越大，注册会计师确定的样本规模越大
    D. 在既定的可容忍偏差率下，注册会计师预计的总体偏差率越大，样本规模越大

8. 在运用审计抽样实施控制测试时，下列各项因素中，不影响样本规模的是（　　）。
    A. 控制的类型
    B. 可容忍偏差率
    C. 控制运行的相关期间的长短
    D. 选取样本的方法

9. 在使用审计抽样实施控制测试时，下列情况中，注册会计师不能另外选取替代样本的是（　　）。
    A. 单据丢失
    B. 单据无效
    C. 单据未使用
    D. 单据不适用

10. 下列有关注册会计师使用非统计抽样实施细节测试的说法中，错误的是（　　）。
    A. 注册会计师增加单独测试的重大项目，可以减少样本规模
    B. 在定义抽样单元时，注册会计师无须考虑实施计划的审计程序或替代程序的难易程度
    C. 在确定可接受的误受风险水平时，注册会计师需要考虑针对同一审计目标的其他实质性程序的检查风险
    D. 在非统计抽样中，注册会计师运用职业判断和经验考虑抽样风险

7.1　单选题

(二) 多选题

1. 下列各项中，属于审计抽样基本特征的有（　　）。
   A. 对具有审计相关性的总体中低于百分之百的项目实施审计程序
   B. 可以根据样本项目的测试结果推断出有关抽样总体的结论
   C. 所有抽样单元都有被选取的机会
   D. 可以基于某一特征从总体中选出特定项目实施审计程序

2. 下列有关非抽样风险的说法中，正确的有（　　）。
   A. 注册会计师实施控制测试和实质性程序时均可能产生非抽样风险
   B. 注册会计师保持职业怀疑有助于降低非抽样风险
   C. 注册会计师可以通过扩大样本规模降低非抽样风险
   D. 注册会计师可以通过加强对审计项目组成员的监督和指导，降低非抽样风险

3. 下列有关注册会计师运用统计抽样的说法中，正确的有（　　）。
   A. 采用属性抽样实施控制测试
   B. 基于随意选样对样本结果进行统计评估
   C. 计量抽样风险
   D. 利用概率论评价样本结果

4. 下列选取样本的方法中，不适合在统计抽样中使用的有（　　）。
   A. 使用随机数表选样　　　B. 随意选样
   C. 整群选样　　　　　　　D. 系统选样

5. 下列有关控制测试的样本规模的说法中，正确的有（　　）。
   A. 预计总体偏差率与样本规模同向变动
   B. 可容忍偏差率与样本规模反向变动
   C. 信赖过度风险与样本规模同向变动
   D. 总体规模对样本规模的影响几乎为零，除非总体非常小

6. 运用审计抽样实施控制测试时，定义总体时需要考虑的有（　　）。
   A. 完整性　　　　　　　　B. 同质性
   C. 预计总体偏差率　　　　D. 适当性

7. 下列有关在控制测试中应用审计抽样的说法中，错误的有（　　）。
   A. 在定义总体时，注册会计师必须考虑总体的同质性
   B. 偏离既定的内部控制将增加重大错报风险，因此，与细节测试中设定的可容忍错报相比，注册会计师通常为控制测

试设定相对较低的可容忍偏差率

C. 在某些特定的情况下,预计总体偏差率可以超过可容忍偏差率

D. 在既定的可容忍偏差率下,预计总体偏差率越小,所需的样本规模越大

8. 下列有关细节测试样本规模的说法中,正确的有(   )。

A. 总体项目的变异性越低,通常样本规模越小

B. 当总体被适当分层时,各层样本规模的汇总数通常等于在对总体不分层的情况下确定的样本规模

C. 当误受风险一定时,可容忍错报越低,所需的样本规模越大

D. 对于大规模总体,总体的实际规模对样本规模几乎没有影响

9. 下列有关注册会计师在设计审计工作底稿的格式、要素和范围时需要考虑的因素中,说法正确的有(   )。

A. 对大型被审计单位进行审计形成的工作底稿通常比小型被审计单位多

B. 识别和评估的重大错报风险越高,需要实施的审计程序并形成的审计工作底稿越多

C. 注册会计师实施不同的审计程序,编制的审计工作底稿基本相同

D. 识别出的例外事项的性质和范围,影响审计工作底稿的编制

10. 下列有关审计抽样中抽样风险的说法中,正确的有(   )。

A. 抽样风险与样本规模呈反向变动关系

B. 信赖过度风险与审计效率直接相关

C. 误受风险可能导致审计师发表不恰当的审计意见

D. 抽样风险是由于审计程序设计不当引起的

7.2 多选题

(三) 判断题

1. 审计抽样是基于某一特征从总体中选出特定项目以实施审计程序的方法。(   )

2. 审计抽样可以运用概率论计量抽样风险。(   )

3. 只要使用了审计抽样,抽样风险总会存在。(   )

4. 抽样风险与样本规模和抽样方法有关。(   )

5. 统计抽样能够客观地计量抽样风险,并通过调整样本规模来精确地控制风险。(   )

6. 注册会计师可以通过扩大样本规模降低抽样风险及非抽样风险。(   )

7. 在统计抽样中,非抽样风险难以量化;在非统计抽样中,抽样风险无法直接计量。(   )

7.3 判断题

8. 审计抽样是对总体中的全部项目实施审计程序的方法。
（　　）

9. 抽样风险可以通过精确的程序设计完全消除。（　　）

10. 统计抽样方法也需要考虑抽样风险，并将其降至可接受水平。
（　　）

11. 信赖不足风险会降低审计效率，但不会影响审计效果。
（　　）

（四）简答题

1. A 注册会计师负责审计甲公司 2023 年度财务报表。在针对存货实施细节测试时，A 注册会计师决定采用传统变量抽样方法实施统计抽样。甲公司 2023 年 12 月 31 日存货账面余额合计为 150 000 000 元。A 注册会计师确定的总体规模为 3 000，样本规模为 200，样本账面余额合计为 12 000 000 元，样本审定金额合计为 8 000 000 元。

要求：A 注册会计师分别采用均值法、差额法和比率法计算推断的总体错报金额。

2. A 注册会计师负责审计甲公司 2017 年度财务报表，在审计工作底稿中记录了实施进一步审计程序的情况，部分内容摘录如下：

A 注册会计师在测试与销售收款相关的内部控制时识别出一项偏差，经查系员工舞弊所致。因追加样本量进行测试后未再识别出偏差，A 注册会计师认为相关内部控制运行有效，并向管理层通报了该项舞弊。

要求：针对上述事项，假定不考虑其他条件，请指出 A 注册会计师的做法是否恰当，如不恰当，简要说明理由。

3. B 注册会计师负责审计乙公司 2023 年度财务报表。在针对应收账款实施细节测试时，B 注册会计师决定采用传统变量抽样方法实施统计抽样。乙公司 2023 年 12 月 31 日应收账款账面余额合计为 120 000 000 元。B 注册会计师确定的总体规模为 3 000，样本规模为 200，样本账面余额合计为 15 000 000 元，样本审定金额合计为 12 000 000 元。

7.4 简答题

要求：代 B 注册会计师分别采用均值法、差额法和比率法计算推断的总体错报金额。

（五）案例题

D 注册会计师负责审计丁公司 2023 年度财务报表。在对存货账户余额实施细节测试时，D 注册会计师决定采用审计抽样方法获取审计证据。丁公司 2023 年 12 月 31 日的存货账面余额为 50 000 000 元。D 注册会计师确定总体规模为 5 000 件，样本规模为 200 件，样本账面余额合计为 2 000 000 元，样本的审定金额合计为 1 800 000 元。

思考问题:

1. D 注册会计师在设计审计抽样时,应考虑哪些因素以确保样本的代表性?

2. 根据上述数据,采用差额法推断总体错报金额是多少?

3. 在评价样本结果时,D 注册会计师应如何考虑抽样风险?

4. 如果在样本中发现重大错报,D 注册会计师应采取哪些进一步的审计程序?

资料来源:案例改编自中国注册会计师协会发布的《中国注册会计师审计准则第1314号——审计抽样》应用指南。

7.5 案例题

第八章
审 计 计 划

一、学习目标及要求

本部分旨在使学习者理解并掌握审计计划相关知识，包括审计计划的概念，认识到接受业务委托前了解客户基本情况、诚信状况、业务风险及自身胜任能力等方面的重要性，熟悉业务约定书涵盖的业务范围、双方责任与义务、报告格式等内容，深入理解总体审计策略和具体审计计划及其各自具体内容。同时，结合案例深刻体会计划在复杂工作中的关键意义，明确审计计划对审计工作的不可或缺性，从而在学习和未来工作中树立重视规划的理念，培养科学制定计划并有效执行的意识和能力，确保审计工作高效、有序、高质量地开展。

二、重要名词

1. 初步业务活动
2. 审计范围受到限制
3. 审计的前提条件
4. 审计业务约定书
5. 组成部分审计
6. 审计业务约定条款的变更
7. 总体审计策略
8. 具体审计计划
9. 风险评估程序
10. 进一步审计程序
11. 其他审计程序
12. 指导、监督与复核

三、重难点问题

1. 在评价客户诚信度时，除了文中提到的对主要股东、关键管理人员和治理层的评价，还可以从哪些方面入手？这些方面对审计业务的开展有何作用？

2. 签订审计业务约定书的作用是什么？

3. 结合时代背景，当被审计单位使用了复杂的信息技术系统，在制定总体审计策略的审计方向部分，应如何考虑信息技术对审计程序的影响？请从初步风险识别、内部控制和重大变化等角度分别阐述。

4. 计划实施的进一步审计程序中，控制测试和实质性程序如何相互配合？在什么情况下更倾向于采用实质性方案？举例说明在审计过程中，重要性水平的修改如何影响进一步审计程序。

四、练习题

（一）单选题

1. 下列各项中，不属于初步业务活动内容的是（　　）。
   A. 针对保持客户关系和具体审计业务实施相应的质量管理程序
   B. 评价遵守相关职业道德要求的情况
   C. 确定审计范围
   D. 就审计业务约定条款与被审计单位达成一致意见

2. 管理层已认可并理解其承担的责任是执行审计工作的前提，下列有关管理层责任的说法中，错误的是（　　）。
   A. 按照适用的财务报告编制基础编制财务报表，并使其实现公允反映（如适用）
   B. 设计、执行和维护必要的内部控制，以使被审计单位绝对不存在内部控制缺陷
   C. 允许注册会计师接触与编制财务报表相关的所有信息
   D. 允许注册会计师在获取审计证据时不受限制地接触其认为必要的内部人员和其他相关人员

3. 下列不属于具体审计计划的内容的是（　　）。
   A. 注册会计师应当在具体审计计划中清楚地说明审计资源的规划和调配，包括确定执行审计业务所必需的审计资源的性质、时间安排和范围
   B. 注册会计师计划实施的风险评估程序的性质、时间安排和范围
   C. 注册会计师计划实施的进一步审计程序的性质、时间安排和范围
   D. 对持续经营、关联方审计的安排考虑

4. 下列关于审计业务约定书的说法中不正确的是（　　）。
   A. 审计业务约定书的签署双方分别是会计师事务所和被审计单位
   B. 审计业务约定书中既包括被审计单位管理层应当承担的责任，又包括会计师事务所应履行的义务
   C. 会计师事务所在与被审计单位签订审计业务约定书之前，应委派注册会计师了解被审计单位的基本情况，并对与财务报表编制直接相关的内部控制进行测试

D. 会计师事务所的专业胜任能力和独立性是承接审计业务的先决条件

5. 下列关于总体审计策略和具体审计计划的说法中不正确的是（   ）。

A. 注册会计师应当在总体审计策略中清楚地说明审计资源的规划和调配

B. 总体审计策略用以确定审计范围、时间安排和方向，并指导具体审计计划的制订

C. 具体审计计划应当包括风险评估程序、计划实施的进一步审计程序和计划的其他审计程序

D. 计划审计工作是审计业务的一个孤立阶段，一经确定，不能更改

6. 下列各项中通常属于总体审计策略内容的是（   ）。

A. 对应收账款余额存在目标，拟实施函证程序

B. 对存货余额存在目标拟实施监盘程序

C. 对审计资源的规划和安排

D. 对于被审计单位由专人核对发票上单价与商品价目表上单价的控制拟选取部分发票与商品价目表进行核对

7. 下列关于项目组成员的监督、指导与复核的说法中错误的是（   ）。

A. 在计划复核的性质、时间安排和范围时，注册会计师不应当考虑项目组成员的素质和胜任能力

B. 计划对项目组成员工作的指导、监督与复核的性质、时间安排和范围应当建立在评估的重大错报风险的基础上

C. 评估的重大错报风险越大，注册会计师指导与监督的范围越大

D. 当评估的重大错报风险增加时，注册会计师应当执行更详细的复核工作

8. 当注册会计师评估的重大错报风险较高时，下列做法中不正确的是（   ）。

A. 扩大审计程序的范围

B. 提高审计程序的不可预测性

C. 选择更有效的审计程序

D. 降低重要性水平

9. 在完成审计业务前，如果将审计业务变更为保证程度较低的鉴证业务，下列各项中，注册会计师认为合理的理由是（   ）。

A. 注册会计师不能获取完整和令人满意的信息

B. 注册会计师不能获取充分、适当的审计证据

C. 被审计单位提出大幅削减审计费用
D. 被审计单位对原来要求的审计业务的性质存在误解

10. 下列关于审计业务约定书的作用的说法中，错误的是（　　）。
    A. 明确双方在审计业务中的权利和义务
    B. 为审计工作提供了基本框架和方向
    C. 确保审计报告的准确性和可靠性
    D. 可以作为法律诉讼中的有力证据

8.1 单选题

（二）多选题

1. 在本期审计业务开始时，注册会计师开展初步业务活动以实现的主要目的有（　　）。
    A. 确定是否具备执行业务所需的独立性和能力
    B. 不存在因管理层诚信问题而可能影响注册会计师保持该项业务的意愿的事项
    C. 与前任注册会计师不存在意见分歧
    D. 与被审计单位之间不存在对业务约定条款的误解

2. 下列选项中，属于判断错报的有（　　）。
    A. 通过测试样本估计出的总体的错报减去在测试中发现的已经识别的具体错报
    B. 管理层和注册会计师对会计估计值的判断差异
    C. 毋庸置疑的错报
    D. 管理层和注册会计师对选择和运用会计政策的判断差异

3. 审计业务约定书的必备条款包括哪些内容（　　）？
    A. 财务报表审计的目标
    B. 管理层对财务报表的责任
    C. 管理层编制财务报表采用的会计准则和相关会计制度
    D. 审计范围，包括指明在执行财务报表审计业务时遵守的中国注册会计师审计准则

4. 作为注册会计师，你在对一家上市公司进行年度审计时，发现管理层希望将审计业务变更为审阅业务。在考虑是否同意时，你认为哪些原因是合理的考虑点（　　）。
    A. 环境变化对审计服务的需求产生影响
    B. 对原来要求的审计业务的性质存在误解
    C. 是否存在管理层对审计范围施加的限制
    D. 业务收费的提升

5. 审计计划一般包括哪些部分（　　）？
    A. 总体审计策略　　　　　B. 具体审计计划
    C. 一般审计计划　　　　　D. 详细审计计划

6. 在审计计划中，哪些因素会影响注册会计师对审计资源的分

配（   ）？
A. 被审计单位的规模和业务复杂度
B. 被审计单位的信息技术系统的性质和复杂度
C. 被审计单位所处行业的风险水平
D. 审计团队成员的专业技能和经验

7. 在审计项目中，总体审计策略与具体审计计划之间的联系体现在哪些方面（   ）？
A. 总体审计策略确定了审计的整体范围和目标，而具体审计计划则详细描述了实现这些目标所必须执行的审计程序。
B. 具体审计计划中识别的风险领域可能会影响总体审计策略的调整
C. 总体审计策略指导具体审计计划中对审计资源的分配，包括决定哪些领域需要更多的审计关注和资源投入。
D. 具体审计计划的实施结果可能会反馈到总体审计策略，促使其进行必要的修订

8. 以下关于审计计划的说法中，正确的有（   ）。
A. 计划审计工作贯穿于整个审计业务的始终，并非审计业务的一个孤立阶段，而是一个持续的、不断修正的过程
B. 在制定总体审计策略时，注册会计师应当考虑初步业务活动的结果，但无须对其进行记录
C. 具体审计计划应当包括风险评估程序、计划实施的进一步审计程序和其他审计程序
D. 注册会计师可以根据实际情况，单独制定总体审计策略或具体审计计划，两者的制定顺序没有严格要求

9. 注册会计师在审计过程中，应当对下列哪些方面保持职业怀疑（   ）。
A. 管理层和治理层的诚信，如对管理层的胜任能力和诚信产生疑虑，应考虑是否承接业务或继续执行审计业务
B. 审计证据的可靠性，例如对文件记录的真伪进行鉴定，对询问结果的可靠性进行评估等
C. 审计结论的恰当性，如对审计发现的异常情况进行深入调查，避免轻易接受表面合理的解释
D. 被审计单位的内部控制，评估内部控制的有效性，识别可能存在的控制缺陷

10. 在确定审计方向时，注册会计师应当考虑的因素有（   ）。
A. 重要性方面，包括确定财务报表整体的重要性水平以及特定类别交易、账户余额或披露的重要性水平
B. 重大错报风险较高的审计领域，如通过风险评估识别出

的内部控制薄弱环节、复杂的交易或事项等

C. 评估的财务报表层次的重大错报风险对指导、监督及复核的影响，例如高风险情况下需要加强指导和复核力度

D. 项目组人员的选择（在必要时包括项目质量控制复核人员），根据审计业务的特点和要求，挑选具备相应专业知识和经验的人员组成项目组

8.2 多选题

（三）判断题

1. 具体审计计划的核心是确定审计程序的性质、时间安排和范围，以获取充分、适当的审计证据。（　　）

2. 审计业务约定书一旦签订，双方就必须严格按照约定书的内容执行，不得变更。（　　）

3. 总体审计策略的制定应当在具体审计计划之前完成，并且对具体审计计划具有指导作用。（　　）

4. 总体审计策略包括风险评估程序。（　　）

5. 实际执行的重要性一定低于财务报表整体的重要性水平。（　　）

6. 初步业务活动是在审计业务开始后进行的，主要目的是确保审计工作的顺利开展。（　　）

7. 注册会计师在审计过程中发现被审计单位内部控制存在重大缺陷，应当及时调整审计计划，包括总体审计策略和具体审计计划。（　　）

8. 审计资源的规划和调配只在总体审计策略中考虑，与具体审计计划无关。（　　）

9. 注册会计师可以以个人名义签订审计业务约定书。（　　）

8.3 判断题

10. 注册会计师对项目组成员的监督、指导与复核的程度取决于被审计单位的规模和复杂程度，与重大错报风险无关。（　　）

（四）简答题

1. ABC 会计师事务所正在考虑承接 XYZ 公司 2024 年度财务报表审计业务。XYZ 公司是一家大型制造企业，其产品销往国内外市场。在初步洽谈中，事务所了解到 XYZ 公司最近进行了管理层改组，新管理层希望通过审计来提升公司的财务透明度和市场信誉度。同时，公司计划在未来一年内进行重大资产重组，可能涉及部分业务板块的剥离和新资产的注入。

要求：

（1）在签订审计业务约定书之前，注册会计师应当开展哪些初步业务活动？

（2）结合 XYZ 公司的情况，指出审计业务约定书应重点关注哪些方面？

(3) 如果 2025 年审计依然是 ABC 事务所负责，则在这样的连续审计中，哪些情况下注册会计师应当考虑重新签订审计业务约定书？

2. XYZ 会计师事务所对 ABC 公司进行 2023 年度财务报表审计。审计初期，注册会计师根据以往经验和初步了解，设定了重要性水平，并制定了相应的审计计划，计划采用综合性审计方案。然而，在审计过程中，发现 ABC 公司所处行业竞争加剧，市场环境发生重大变化，导致公司经营业绩下滑，财务状况不稳定。同时，注册会计师还发现 ABC 公司内部控制存在重大缺陷，之前未被充分识别。

要求：

（1）请问重要性水平具体是在审计初期的什么环节设定的？

（2）针对后续了解的这些变化，注册会计师应如何调整重要性水平？

（3）对于新发现的内部控制的重大缺陷，注册会计师应如何修改其总体审计方案？

3. 请你解释"审计计划贯穿审计工作始终"这句话，说明你是如何理解其含义的。

（五）案例题

大华会计师事务所审计长园和鹰失败案

长园和鹰智能科技有限公司（以下简称长园和鹰）作为一家在资本市场具有一定影响力的企业，其主要业务涵盖智能装备制造及相关领域。2016 年长园集团股份有限公司（简称长园集团）收购长园和鹰 80% 股权。为使长园和鹰完成业绩承诺，在 2016 年和 2017 年的经营过程中，由时任董事长组织虚构海外销售，提前、重复确认收入，累计虚增利润 3 亿元，严重扭曲了公司的真实财务状况和经营成果。

大华会计师事务所（以下简称大华所）承接了长园和鹰这两个年度的年报审计业务。然而，在审计过程中，大华所存在诸多问题，未能有效识别和揭示长园和鹰财务报表中的重大错报问题，从而引发了此次审计失败事件，这一事件对大华所自身的声誉造成了严重损害，也在资本市场上引起了轩然大波，引发了投资者对审计行业的信任危机以及对上市公司财务信息真实性的深度担忧。

一、审计失败概述

根据证监会调查结果，大华所在对长园集团 2016 年、2017 年年度财务报表审计时未勤勉尽责，存在以下不当行为：

1. 识别、评估重大错报风险方面存在缺陷。

未充分了解被审计单位及其环境，未识别出长园和鹰因业绩承诺产生的舞弊动机和压力，未恰当评估其在收入确认方面的舞弊风险。

8.4 简答题

2. 应收账款函证程序存在缺陷。

未对长园和鹰子公司 AGMS 株式会社的两笔大额应收账款实施函证程序，且未在审计底稿中说明未实施函证的理由。

对柬埔寨客户回函为同一封快递且寄件人非函证客户的异常情况，未在底稿中记录进一步审计程序及说明情况；未关注安徽红爱询证函回函与发函留底的印章用印位置不同及回函快递单异常；对未回函客户 DAS XING GARMENT 未实施替代程序。

3. 未保持应有的职业怀疑审慎评价已获取的审计证据。

未关注长园和鹰及其子公司销售合同中风险报酬转移时点的特殊约定，导致未发现提前确认收入的错报情形。

未对和鹰租赁订立"阴阳合同"的舞弊迹象保持职业怀疑。

未关注到和鹰设备重复开具发票并确认收入的异常情况，未识别出相关错报并实施进一步审计程序。

4. 未获取充分、适当的审计证据。

仅审查单方面盖章的起租通知书，未检查相关交付验收单据，未获取履行全部发货义务的证据，就认可确认相关销售收入；将中介佣金从销售费用调整至营业成本，但无充分适当证据支持，且底稿未说明调整理由和依据。

5. 未审慎评价在实施分析程序时识别出的异常关系。

未充分关注中蒿万家业务销售平均毛利率高企的异常情况，未进一步调查差异原因。

6. 未合理运用职业判断。

大华所未分析《7 470 万元合同》变更为《3.4 亿元合同》的合理性。

7. 合并报表时计算数据错误。

将山东昊宝服饰有限公司智能工厂项目 2017 年的收入和成本错列，导致长园集团 2017 年年报披露的基础数据出现错误。

二、惨痛代价

本案表明，给上市公司注入"有毒资产"，严重损害投资者利益，重组参与各方均应承担相应责任。

1. 对投资者的影响。

此次审计失败导致长园和鹰的股价大幅波动，投资者基于虚假的财务信息做出了错误的投资决策，遭受了巨大的经济损失。许多投资者对资本市场的信心受到严重打击，引发了市场的恐慌情绪，部分投资者甚至对整个审计行业的公信力产生了质疑，进而影响了资本市场的资源配置效率和稳定性。

2. 对长园和鹰的影响。

事件曝光后，长园和鹰面临着严重的法律诉讼风险和声誉危机。

公司不仅需要对财务报表进行重新审计和更正，还可能面临监管部门的严厉处罚，包括罚款、责令整改以及对相关责任人的行政处罚等。此外，公司的商业信誉受到极大损害，客户、供应商以及合作伙伴对公司的信任度下降，导致公司在市场竞争中处于不利地位，业务发展受到严重阻碍，企业的生存和发展面临严峻挑战。

3. 对大华所的影响。

大华所作为审计机构，其声誉受到了严重损害。此次审计失败事件引发了行业内的广泛关注和反思，监管部门对大华所进行了相应的调查和处罚，包括暂停其部分业务资格、罚款以及对相关注册会计师的处罚等。同时，大华所在市场上的业务量大幅下降，客户流失严重，其在审计行业的市场份额和竞争地位受到削弱，未来的发展前景受到一定影响。

思考问题：

1. 在具体审计计划中，注册会计师应计划实施的风险评估程序的性质、时间安排和范围是什么，综合上述案例信息，分析大华在关于风险评估程序的计划上存在的不足？

2. 如果审计人员随着审计工作的深入发现了计划阶段没有识别出的风险，审计计划是否可以被调整？

3. 如果你是该项目的负责人，你在制定总体审计策略时，会确立怎样的审计方向？你认为计划在审计以及其他复杂的工作中有着怎样的重要意义？

资料来源：（根据以下案例，编者整理所得）

1. 深圳证监局．（2022 年 5 月 16 日）．中国证券监督管理委员会深圳监管局行政处罚决定书〔2022〕3 号，http://www.csrc.gov.cn/shenzhen/c104320/c2654924/content.shtml。

2. 中国证券监督管理委员会．（2021 年 11 月 19 日）．2020 年证监稽查 20 起典型违法案例，http://www.csrc.gov.cn/csrc/c100200/c05c3c60224614884871d98cf84f9f39b/content.shtml。

第九章
风 险 评 估

一、学习目标及要求

本章内容为重点学习部分，学生应着重理解风险导向审计的核心思路，体会风险评估在审计中的关键地位。熟练掌握风险评估程序，包括询问、分析程序、观察和检查等，从多方面收集信息并分析整合，以识别潜在重大错报风险因素。深入理解内部控制体系各要素内涵、作用及关系，明确其对重大错报风险的影响。学会准确识别和评估财务报表层次与认定层次的重大错报风险，包括特别风险和仅实质性程序无法应对的风险，掌握评估方法与应对策略，通过案例分析培养解决实际问题能力，增强风险敏感度和职业判断能力，深刻领悟风险评估对保障审计质量、维护市场秩序和投资者利益的重要意义。

风险评估贯穿整个审计过程，如图9-1所示。

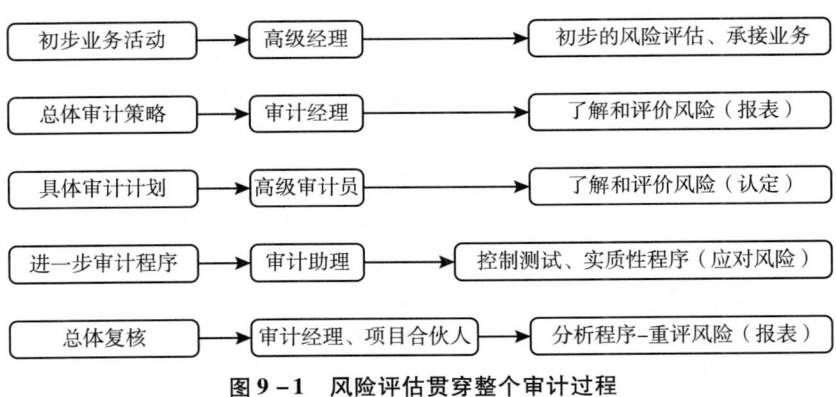

图9-1 风险评估贯穿整个审计过程

二、重要名词

1. 风险导向审计
2. 重大错报风险
3. 风险识别

4. 风险评估
5. 风险评估程序
6. 内部控制
7. 内部环境（内部控制要素之一）
8. 风险评估要素（内部控制要素之一）
9. 信息与沟通（内部控制要素之一）
10. 控制活动（内部控制要素之一）
11. 内部监督（内部控制要素之一）
12. 直接控制
13. 间接控制
14. 固有风险因素
15. 特别风险
16. 审计工作底稿
17. 职业怀疑
18. 经营风险
19. 适用的财务报告编制基础
20. 认定层次
21. 财务报表层次
22. 穿行测试
23. 预防性控制
24. 检查性控制
25. 控制风险

三、重难点问题

1. 什么是风险导向审计？风险评估的意义在于？
2. 在风险评估中，注册会计师需要收集哪些信息？想想这些信息对于审计工作的意义。
3. 风险评估程序包括哪些具体方法？
4. 举例说明固有风险因素如何影响认定易于发生错报的可能性？
5. 如何理解风险识别与风险评估之间的关系？
6. 穿行测试的目的和意义是什么？
7. 内部控制的目标是什么？如何确定一项内控是否与审计相关？
8. 为什么注册会计师在评估重大错报风险时需要考虑财务报表层次和认定层次？

四、练习题

（一）单选题

1. 以下有关风险评估的说法中不恰当的是（　　）。

A. 风险的识别和评估是审计风险控制流程的起点
B. 了解被审计单位及其环境是必要程序
C. 在风险评估阶段采用审计抽样方法尤为适宜
D. 注册会计师应当考虑在客户接受与保持过程中获取的信息是否与识别重大错报风险相关

2. 下列有关风险评估的理解中不正确的是（　　）。
    A. 了解被审计单位及其环境能够为注册会计师作出职业判断提供重要基础，但并非必要程序
    B. 风险评估为确定重要性水平提供了重要的基础，并随着审计工作的进程评估对重要性水平的判断是否仍然适当
    C. 评价对被审计单位及其环境了解的程度是否恰当，关键是看注册会计师对被审计单位及其环境的了解是否足以识别和评估财务报表的重大错报风险
    D. 注册会计师对被审计单位及其环境了解的程度，要低于管理层为经营管理企业而对被审计单位及其环境需要了解的程度

3. 以下审计程序中不属于风险评估程序的是（　　）。
    A. 询问　　　　　　　　B. 分析程序
    C. 监盘　　　　　　　　D. 检查

4. 在进行风险评估时，注册会计师通常采用的审计程序是（　　）。
    A. 将财务报表与其所依据的会计记录相核对
    B. 实施分析程序以识别异常的交易或事项以及对财务报表和审计产生影响的金额、比率和趋势
    C. 对应收账款进行函证
    D. 以人工方式或使用计算机辅助审计技术，对记录或文件中的数据计算准确性进行核对

5. 注册会计师可以向相关人员询问获得对被审计单位及其环境的了解。下列与询问相关的说法中错误的是（　　）。
    A. 询问治理层，可能有助于注册会计师理解财务报表的编制环境
    B. 询问内部审计人员，可能有助于注册会计师了解内部控制运行的有效性
    C. 询问普通员工，可能有助于注册会计师评估管理层对内部审计发现的问题是否采取了适当的措施
    D. 询问法律顾问，可能有助于注册会计师了解被审计单位对有关法律法规的遵循情况

6. 阅读外部信息可能有助于注册会计师了解被审计单位及其环

境，下列各项中不属于外部信息的是（　　）。

　　A. 相关报纸杂志

　　B. 证券分析师分析的行业经济情况

　　C. 银行对被审计单位出具的信用评价

　　D. 被审计单位签订的销售合同

7. 下列各项中不属于项目组内部讨论的内容的是（　　）。

　　A. 项目组成员是否保持了独立性

　　B. 被审计单位面临的经营风险

　　C. 财务报表容易发生错报的领域及发生错报的方式

　　D. 由于舞弊导致重大错报的可能性

8. 注册会计师了解的被审计单位及其环境的各项因素中，既涉及内部因素也涉及外部因素的是（　　）。

　　A. 对被审计单位财务业绩的衡量和评价

　　B. 被审计单位的内部控制

　　C. 被审计单位的性质

　　D. 相关行业状况、法律环境和监管环境及其他外部因素

9. 以下有关了解被审计单位的性质的说法中不恰当的是（　　）。

　　A. 对被审计单位所有权结构的了解有助于注册会计师识别关联方关系并了解被审计单位的决策过程

　　B. 注册会计师应当了解被审计单位识别关联方的程序，获取被审计单位提供的所有关联方信息，并考虑关联方关系是否已经得到识别，关联方交易是否得到恰当的记录和充分披露

　　C. 了解被审计单位经营活动有助于注册会计师识别预期在财务报表中反映的主要交易类别、重要账户余额和列报

　　D. 了解被审计单位筹资活动有助于注册会计师关注被审计单位在经营策略和方向上的重大变化

10. 在了解被审计单位财务业绩衡量和评价情况时，注册会计师应当关注的信息不包括（　　）。

　　A. 关键财务业绩指标

　　B. 同期财务业绩比较分析

　　C. 员工业绩考核与激励性报酬政策

　　D. 主要子公司的重要融资安排

11. 下列有关注册会计师了解内部控制的说法中，正确的是（　　）。

　　A. 注册会计师需要了解与财务报告相关的所有内部控制

　　B. 注册会计师如果计划信赖内部控制，就需要对内部控制进行测试

C. 注册会计师对内部控制的了解可以替代对控制运行有效性的测试

D. 内部控制的设计有效性和执行有效性是同一概念的不同表述

12. 注册会计师在对被审计单位进行风险评估时，发现该单位近期进行了大规模的业务扩张，进入了一个新的业务领域，此时注册会计师应重点关注的风险是（　　）。

A. 新业务领域的市场风险和经营风险对财务报表可能产生的影响

B. 业务扩张对内部控制有效性的影响

C. 业务扩张导致的资金链紧张对财务报表项目计价和分摊的影响

D. 以上都是

13. 关于风险评估程序与进一步审计程序的关系，下列说法正确的是（　　）。

A. 风险评估程序是进一步审计程序的基础，风险评估结果决定了进一步审计程序的性质、时间安排和范围

B. 进一步审计程序可以替代风险评估程序，在某些情况下，注册会计师可以直接实施进一步审计程序而无须进行风险评估

C. 风险评估程序和进一步审计程序是相互独立的，分别服务于不同的审计目的

D. 风险评估程序主要针对财务报表层次的重大错报风险，进一步审计程序主要针对认定层次的重大错报风险

14. 下列关于注册会计师对被审计单位内部控制进行穿行测试的说法中，错误的是（　　）。

A. 穿行测试可以用于了解内部控制的流程和环节，识别可能存在的风险点

B. 穿行测试通常选择一笔或几笔具有代表性的交易进行追踪

C. 穿行测试的目的是测试内部控制执行的有效性

D. 穿行测试可以帮助注册会计师确定内部控制是否得到一贯执行

15. 下列有关与审计相关的内部控制的说法中，正确的是（　　）。

A. 与审计相关的内部控制并非均与财务报告相关

B. 与财务报告相关的内部控制均与审计相关

C. 与经营目标相关的内部控制与审计无关

D. 与合规目标相关的内部控制与审计无关

9.1　单选题

(二) 多选题

1. 注册会计师进行风险识别和评估为下列关键环节作出职业判断提供重要基础的有（　　）。
   A. 确定重要性水平
   B. 确定在实施分析程序时所使用的预期值
   C. 识别与财务报表中金额或披露相关的需要特别考虑的领域
   D. 设计和实施进一步审计程序

2. 下列有关风险评估程序的说法中，正确的有（　　）。
   A. 注册会计师应当了解被审计单位及其环境、适用的财务报告编制基础和内部控制体系各要素
   B. 注册会计师应当运用职业判断确定需要了解的程度
   C. 注册会计师对被审计单位及其环境等方面情况了解的程度，低于管理层为经营管理企业而对被审计单位及其环境等方面情况需要了解的程度
   D. 评价对被审计单位及其环境等方面情况了解的程度是否恰当，取决于项目合伙人的要求

3. 注册会计师实施的风险评估程序包括（　　）。
   A. 询问管理层和被审计单位内部其他合适人员
   B. 分析财务数据之间以及财务数据与非财务数据之间的内在关系
   C. 观察被审计单位的经营活动
   D. 追踪交易（穿行测试）在财务报告信息系统中的处理过程

4. 下列有关注册会计师组织项目组内部讨论的说法中，正确的有（　　）。
   A. 项目质量复核人员应当参与项目组内部讨论
   B. 在集团审计中，参与讨论的成员还可能包括组成部分的注册会计师
   C. 项目组内部讨论贯穿于整个审计过程
   D. 会计师事务所的首席合伙人应当确定向未参与讨论的项目组成员通报哪些事项

5. 以下对于注册会计师了解经营风险的说法中，恰当的有（　　）。
   A. 经营风险可能源于不恰当的目标和战略
   B. 所有经营风险均与财务报表重大错报风险相关
   C. 多数经营风险最终都会产生财务后果，从而影响财务报表
   D. 经营风险可能对某些交易、账户余额和披露认定产生重大而且直接的影响

6. 注册会计师在了解被审计单位适用的财务报告编制基础、会

计政策及变更会计政策的原因时,可能需要考虑的事项有( )。
    A. 收入确认
    B. 金融工具以及相关信用损失的会计处理
    C. 所处行业的市场与竞争情况
    D. 新颁布的会计准则、法律法规,被审计单位采用的时间以及如何采用或遵守这些规定

7. 下列有关注册会计师了解内部控制的说法中,正确的有( )。
    A. 评价控制设计的有效性,涉及考虑该控制单独或连同其他控制是否能够有效防止或发现并纠正重大错报
    B. 控制得到执行是指某项控制存在且被审计单位正在使用
    C. 即使评估一项控制设计无效,注册会计师仍需要评估其是否得到执行
    D. 设计不当的控制可能表明存在值得关注的内部控制缺陷

8. 内部控制体系包含的要素有( )。
    A. 内部环境   B. 风险评估
    C. 风险应对   D. 内部监督

9. 下列有关直接控制和间接控制的说法中,正确的有( )。
    A. 足以精准防止、发现或纠正认定层次错报的内部控制是直接控制
    B. 直接控制和间接控制对防止、发现或纠正认定层次错报分别产生直接影响和间接影响
    C. 直接控制和间接控制的分类有助于注册会计师识别和评估财务报表层次以及认定层次的重大错报风险
    D. 被审计单位所有的内部控制,按照其对防止、发现或纠正认定层次错报发挥作用的方式不同,分为直接控制和间接控制,注会均需了解

10. 注册会计师了解内部控制实施的程序包括( )。
    A. 询问被审计单位人员
    B. 分析财务数据之间以及财务数据与非财务数据之间的内在关系
    C. 检查文件和报告
    D. 穿行测试

11. 注册会计师执行穿行测试可以获得的审计证据包括( )。
    A. 确认对业务流程的了解
    B. 确认所获取的有关流程中的预防性控制和检查性控制信息的准确性
    C. 评估控制设计的有效性

D. 确认控制是否一贯执行

12. 下列各项中，可能表明存在财务报表层次重大错报风险的有（   ）。

   A. 管理层凌驾于内部控制之上
   B. 被审计单位面临经营亏损且资产流动性出现问题，并依赖于尚未获得保证的资金
   C. 内部环境存在缺陷
   D. 经济下滑

13. 下列各项中，可能导致注册会计师评估认为重大错报风险具有较高的固有风险等级，进而将其确定为特别风险的有（   ）。

   A. 交易具有多种可接受的会计处理，因此涉及主观性
   B. 会计估计具有高度不确定性或模型复杂
   C. 被审计单位业务的变化涉及会计处理发生变化
   D. 对会计政策存在不同的理解

14. 下列选项中，属于风险评估中进行的工作有（   ）。

   A. 了解被审计单位及其环境
   B. 确定需要特别考虑的重大错报风险
   C. 识别和评估财务报表层次重大错报风险
   D. 实质性分析程序

15. 下列选项中，属于注册会计师了解被审计单位对会计政策的选择和运用基于的方面有（   ）。

   A. 重大和异常交易的会计处理方法
   B. 新颁布的财务报告准则、法律法规，以及被审计单位何时采用、如何采用这些规定
   C. 会计政策的变更
   D. 在缺乏权威性标准或共识、有争议的或新兴领域采用重要的会计政策产生的影响

9.2 多选题

（三）判断题

1. 注册会计师在进行风险评估时，只需关注企业的内部因素，无须考虑外部环境。（   ）

2. 财务报表层次的重大错报风险可能影响多项认定。（   ）

3. 被审计单位的经营风险不一定导致财务报表的重大错报风险。（   ）

4. 注册会计师在判断重大错报风险是否为特别风险时，应当考虑识别出的控制对于相关风险的抵销效果。（   ）

5. 注册会计师可通过观察、检查、询问及重新执行了解被审计单位的内部控制。（   ）

6. 分析程序应当被注册会计师使用到风险评估中。（   ）

7. 了解内部控制的目的是验证内部控制的运行是否有效，是否能帮助企业及时制止或发现并纠正错报。（　）

8. 所有与财务报告相关的内控都一定与审计相关。（　）

9. 如果识别到仅通过实质性程序无法应对的重大错报风险，则注册会计师需要实施控制测试。（　）

10. 识别或评估重大错报风险是连续动态的过程，贯穿审计始终，需不断收集、更新和分析信息，以确保风险评估的准确性。（　）

9.3　判断题

（四）简答题

1. 甲公司是 ABC 会计师事务所的常年审计客户。A 注册会计师负责审计甲公司 2019 年度财务报表，其工作的部分情况如下：

（1）因甲公司管理层在实施商誉减值测试时利用了外部专家的工作，A 注册会计师认为与商誉减值相关的内部控制与审计无关，无须对其进行了解。

（2）针对甲公司多项控制活动能够实现营业收入发生的目标，A 注册会计师认为应该了解与该目标相关的每项控制活动。

（3）针对特别风险的项目，A 注册会计师认为不需要了解内部控制，只需直接实施实质性程序。

（4）在识别和评估特别风险时，A 注册会计师认为必须亲自实施各项审计程序，不能利用专家的工作。

（5）在小型被审计单位，可能无法获取以文件形式存在的有关控制环境要素的审计证据，因此 A 注册会计师认为无须了解小型被审计单位的内部控制。

要求：请分别评价 A 注册会计师上述做法是否恰当，如不恰当请说明理由。

2. ABC 会计师事务所接受委托，对 X 公司 2024 年度财务报表进行审计。B 注册会计师是该项目的负责人，现了解到以下信息：

资料一：

B 注册会计师记录了所了解的 W 公司情况及其环境，部分内容如下：

W 公司主要竞争对手于 2024 年末纷纷推出降价促销活动。为巩固市场份额，W 公司于 2025 年元旦开始全面下调了主要产品的建议零售价，不同规格的主要产品降价幅度从 5% 到 20% 不等。

资料二：

B 注册会计师记录了 W 公司财务数据，部分内容如下表（金额单位：万元）：

项目	2024 年	2023 年
存货账面原价	8 892	8 723
减：存货跌价准备	370	480
存货账面价值	8 522	8 243

要求：请你回答以下与风险评估相关的问题。

（1）注册会计师在了解 X 公司及其环境时，通常需要从哪些方面进行了解？请详细说明。

（2）简述注册会计师如何识别和评估 X 公司的重大错报风险（识别与评估的流程/程序）？

（3）在风险评估过程中，了解 X 公司的内部控制对注册会计师的工作有何意义。

（4）在本次风险评估中，注册会计师有哪些审计程序可以选用？

（5）本次风险评估的结果对风险应对会产生怎样的影响？

（6）针对资料一，结合资料二，假定不考虑其他条件，指出资料一所列事项是否可能表明存在重大错报风险。如果认为存在，简要说明理由，并分别说明该风险属于财务报表层次还是认定层次。如果认为属于认定层次，指出相关事项主要与哪些财务报表项目的哪些认定相关。

3. ABC 会计师事务所的 A 注册会计师负责审计甲公司 2023 年度财务报表，在风险评估过程中，A 注册会计师遇到了以下情况：

（1）甲公司所在行业竞争激烈，产品更新换代迅速。A 注册会计师认为行业风险与财务报表审计无关，无须在风险评估中考虑行业竞争态势对甲公司的影响。

（2）甲公司新上线了一套复杂的财务管理信息系统，A 注册会计师在了解该系统时，仅获取了系统操作手册，未实际操作和检查系统运行情况，就认定该系统内部控制设计合理且得到执行。

（3）A 注册会计师认为在审计项目中应当了解被审计单位所有的内部控制，这样才算了解全面，其才能准确地评估重大错报风险。

（4）在识别重大错报风险时，A 注册会计师主要依赖甲公司管理层提供的财务数据和业务资料，未对其他来源的信息进行充分收集和分析。

（5）甲公司近期进行了重大的企业重组，涉及多个业务板块的整合和大量资产的划转。A 注册会计师认为企业重组是企业正常经营活动的一部分，未对其进行专门的风险评估，认为不会对财务报表产生重大影响。

9.4 简答题

要求：请分别评价 A 注册会计师上述做法是否恰当，如不恰当并说明理由。

（五）案例题

苏亚金诚会计师事务所审计失败案

江苏宏图高科技股份有限公司（以下简称"宏图高科"）在 2017 年至 2021 年期间，存在虚增收入、利润及未记负债等虚假记载行为。苏亚金诚会计师事务所（以下简称"苏亚金诚"）作为宏图高科的审计机构，未能发现并报告这些财务造假行为，最终被中国证监会处以重罚。

1. 公司如何造假？

宏图高科通过以下方式进行财务造假：

（1）虚增收入和利润，通过虚构购销业务来夸大财务报表中的营业收入和利润总额。

（2）未记录负债，导致财务报表未能真实反映公司的财务状况。

2. 苏亚金诚会计师事务所的不当行为。

苏亚金诚在审计宏图高科时存在以下不当行为：

（1）未充分执行风险评估审计程序：苏亚金诚在"了解被审计单位及其环境"程序中了解到宏图高科核心主业为 3C 零售连锁业务，占公司营收规模八成以上，但未能充分执行风险评估审计程序。

（2）未保持应有的执业谨慎及职业怀疑：苏亚金诚在审计过程中，未保持应有的执业谨慎及职业怀疑，未能发现宏图高科的财务造假行为。

（3）函证程序存在重大缺陷：苏亚金诚在对应收账款、其他应收款、预付账款实施的函证程序以及银行函证程序中存在重大缺陷。

（4）未查明负债科目账面记录与信用报告不一致的原因：苏亚金诚在发现宏图高科负债科目账面记录与信用报告不一致的情况下未查明原因，进而未要求宏图高科进行账务调整，也未进一步扩大审计程序，以评估宏图高科是否存在重大错报风险。

3. 证监会处罚公告。

中国证监会对苏亚金诚会计师事务所及相关人员的行政处罚决定如下：

（1）责令改正，没收业务收入 325 万元，并处以 1 625 万元罚款，暂停从事证券业务 6 个月。

（2）对注册会计师林雷给予警告，并处以 40 万元罚款；对注册会计师李来民给予警告，并处以 35 万元罚款；对注册会计师王进、陈奕彤、沈建华给予警告，并分别处以 25 万元罚款，对注册会计师郭志东给予警告，并处以 10 万元罚款。

思考问题：

1. 在这个案例中，苏亚金诚未能充分执行风险评估审计程序，导致了什么后果？如果他们能够正确执行风险评估，可能会发现哪些问题？

2. 苏亚金诚在审计过程中未能保持应有的执业谨慎及职业怀疑，这对审计人员来说意味着什么？审计人员应如何提高自己的专业能力以更好地履行职责？

资料来源：

1. 中国证监会．（2024-09-26）．苏亚金诚被罚细节曝光！同行称"造假水平低，没审出来说不过去"，https：//finance.sina.com.cn/roll/2024-09-26/doc-incqnmew8745114.shtml。

2. 中国证券监督管理委员会．（2024-9-23）．中国证监会行政处罚决定书（苏亚金诚），http：//www.csrc.gov.cn/csrc/c101928/c7508755/content.shtml。

第十章 风险应对

一、学习目标及要求

首先，学生需要熟练掌握财务报表层次重大错报风险的总体应对措施，并能在实际审计情境中灵活运用，以有效应对可能存在的风险。其次，学会运用如调整审计时间、改变抽样及选取地点等方法增加审计程序的不可预见性，提升审计工作的有效性与发现问题的能力。再者，深刻理解审计程序不可预见性的重要意义，培养创新思维与灵活应变能力，树立主动防范风险的价值观，从而在审计工作中更具主动性。同时，明确总体应对措施对总体审计方案的影响，能根据风险评估精准选择实质性或综合性总体审计方案，保障审计工作的针对性。最后，深入理解认定层次重大错报风险的进一步审计程序，包括其概念、性质、时间和范围的确定，为实施高质量的审计程序提供坚实的理论与实践基础。

二、重要名词

1. 审计程序的不可预见性
2. 总体应对措施
3. 进一步审计程序
4. 控制测试
5. 实质性程序
6. 总体审计方案
7. 实质性方案
8. 综合性方案
9. 细节测试
10. 实质性分析程序

三、重难点问题

1. 在财务报表层次重大错报风险应对中，有哪些总体应对措施？为什么强调职业怀疑是必要的？请结合具体审计场景阐述。
2. 列举三种增加审计程序不可预见性的方法。
3. 财务报表层次重大错报风险高时，总体审计方案为何倾向于实质性方案？

4. 进一步审计程序应对什么层面的重大错报风险？其可以细分为哪些程序？

5. 控制测试与了解内部控制有何区别？

6. 控制测试中如何判断是否需要在本期测试某项控制？

7. 如何判断是否要在期中执行实质性程序？

8. 设计进一步审计程序时针对特别风险有何要求？

四、练习题

（一）单选题

1. 注册会计师为提高函证程序的不可预见性而采取的措施中，正确的是（　　）。

    A. 向重要的客户寄发消极式询证函

    B. 以积极的方式向小余额客户证函

    C. 将函证截止日定为当年12月31日

    D. 要求客户直接向被审计单位回函

2. 下列有关注册会计师增加审计程序不可预见性的说法中不恰当的是（　　）。

    A. 需要与被审计单位的高层管理人员事先沟通，要求实施具有不可预见性的审计程序

    B. 需要告知被审计单位高层管理人员实施不可预见性程序的具体内容

    C. 审计项目组可以汇总那些具有不可预见性的审计程序，并记录在审计工作底稿中

    D. 项目合伙人需要安排项目组成员有效地实施具有不可预见性的审计程序，但同时要避免使项目组成员处于困难境地

3. 下列有关进一步审计程序的总体审计方案的说法中不恰当的是（　　）。

    A. 注册会计师评估的财务报表层次重大错报风险，对拟实施进一步审计程序的总体审计方案具有重大影响

    B. 实质性方案是指注册会计师实施的进一步审计程序以实质性程序为主

    C. 综合性方案是指注册会计师实施的进一步审计程序时以控制测试为主

    D. 当评估的财务报表层次重大错报风险属于高风险水平时，注册会计师拟实施进一步审计程序的总体方案往往更倾向于实质性方案

4. 下列有关进一步审计程序的说法中正确的是（　　）。

    A. 进一步审计程序的总体审计方案包括实质性方案和综合性

方案

　　B. 注册会计师设计和实施的进一步审计程序的性质、时间安排和范围，应当与评估的认定层次重大错报风险建立直接、明确的对应关系

　　C. 注册会计师评估的重大错报风险越高，实施进一步审计程序的范围通常越小

　　D. 进一步审计程序的范围是最重要的

5. 下列有关控制测试目的的说法中正确的是（　　）。

　　A. 控制测试旨在评价内部控制在防止或发现并纠正认定层次重大错报方面的运行有效性

　　B. 控制测试旨在发现认定层次发生错报的金额

　　C. 控制测试旨在验证实质性程序结果的可靠性

　　D. 控制测试旨在确定控制是否得到执行

6. 下列关于了解内部控制与控制测试的说法中错误的是（　　）。

　　A. 注册会计师可以考虑在评价控制设计和获取其得到执行的审计证据的同时测试控制运行有效性

　　B. 了解内部控制包括评价控制的设计和确定控制是否有效运行

　　C. 在了解内部控制是否得到执行时，注册会计师只需抽取少量的交易进行检查或观察某几个时点

　　D. 如果被审计单位在所审计期间内的不同时期使用了不同的控制，注册会计师应当考虑不同时期控制运行的有效性

7. 如果注册会计师拟信赖旨在应对超出正常经营过程的重大关联方交易的人工控制，假设该控制没有发生变化，下列有关测试该控制运行有效性的时间间隔的说法中正确的是（　　）。

　　A. 每年测试一次　　　　B. 每二年至少测试一次
　　C. 每三年至少测试一次　D. 每四年至少测试一次

8. 在确定控制测试的范围时，下列说法中不正确的是（　　）。

　　A. 如果风险评估时对控制运行有效性的拟信赖程度较高，注册会计师通常应当考虑扩大实施控制测试的范围

　　B. 控制执行的频率越高，控制测试的范围越大

　　C. 对于一项持续有效运行的自动化控制，注册会计师通常应当考虑扩大实施控制测试的范围

　　D. 当针对其他控制获取审计证据的充分性和适当性较高时，测试该控制的范围可适当缩小

9. 下列实质性程序的相关说法中错误的是（　　）。

　　A. 细节测试的目的是发现认定层次的重大错报

B. 实质性程序通常更适用于在一段时间内存在预期关系的大量交易
C. 实质性程序包括细节测试与实质性分析程序
D. 如果针对特别风险实施的程序仅为实质性程序,这些程序应当包括细节测试

10. 以下各项具体程序中,不属于细节测试程序的是(　　)。
 A. 重新计算　　　　　　　B. 函证
 C. 监盘　　　　　　　　　D. 实质性分析程序

11. 下列有关实质性程序的说法中正确的是(　　)。
 A. 实质性程序包括将财务报告与其所依据的会计记录进行核对或调节
 B. 由于注册会计师对重大错报风险的评估是一种判断,注册会计师需要针对每一项交易实施控制测试
 C. 由于内部控制存在固有局限性,注册会计师需要针对每一项交易实施细节测试
 D. 如果认为评估的重大错报风险是特别风险,注册会计师应当专门针对该风险实施实质性分析程序

12. 如果 A 注册会计师在审计甲公司 2019 年财务报表时,发现甲公司财务报表存在因舞弊导致的重大错报风险,则以下结论中最合理的是(　　)。
 A. 如果已在期中实施了实质性程序,且该重大错报风险性质严重,A 注册会计师应当针对剩余期间实施进一步的审计程序
 B. 如果已在期中实施了实质性程序,且该重大错报风险性质不严重,A 注册会计师不需要针对剩余期间实施任何审计程序
 C. 如果已在期中实施了实质性程序,无论重大错报风险的性质严重与否,A 注册会计师都应实施审计程序以将期中得出的结论合理延伸至期末
 D. 针对由于甲公司舞弊导致的财务报表的重大错报风险,A 注册会计师应当考虑在期末或接近期末实施实质性程序

13. 针对财务报表层次的重大错报风险,注册会计师采取的下列措施中不恰当的是(　　)。
 A. 利用专家的工作
 B. 项目合伙人提供更多的督导
 C. 向项目组强调保持职业怀疑的必要性
 D. 实施控制测试和细节测试

14. 如果控制环境存在缺陷,注册会计师在对拟实施审计程序的

性质、时间安排和范围作出总体修改时不应当考虑的是（　　）。

  A. 增加拟纳入审计范围的经营地点的数量

  B. 通过实施实质性程序获取更广泛的审计证据

  C. 通过实施控制测试获取更广泛的审计证据

  D. 在期末而非期中实施更多的审计程序

15. 下列有关确定控制测试时间的说法中，正确的是（　　）。

  A. 在期中执行了控制测试，并获取了控制在期中运行有效性的审计证据，如果控制在剩余期间未发生变动，不需要获取剩余期间控制运行有效性的补充审计证据

  B. 如果控制在本期发生变化，注册会计师不能利用以前控制测试的审计证据

  C. 对于旨在减轻特别风险的控制，不论该控制在本期是否发生变化，注册会计师都不应依赖以前审计获取的证据，本期审计时必须进行控制测试

  D. 如果拟信赖的控制在本期发生变化，注册会计师应当考虑以前审计获取的证据是否与本期审计相关，相关则可依赖，无须再考虑其他因素

10.1　单选题

（二）多选题

1. 如果被审计单位的控制环境存在缺陷，注册会计师在对拟实施的审计程序的性质、时间安排和范围作出总体修改时应当考虑的因素包括（　　）。

  A. 在期末而非期中实施更多的审计程序

  B. 多选几个月的银行存款余额调节表进行测试

  C. 通过实施实质性程序获取更广泛的审计证据

  D. 增加拟纳入审计范围的经营地点的数量

2. 下列做法中可以提高审计程序的不可预见性的有（　　）。

  A. 针对销售收入和销售退回延长截止测试期间

  B. 向以前没有询问过的被审计单位员工询问

  C. 对以前通常不测试的金额较小的项目实施实质性程序

  D. 对被审计单位银行存款年末余额实施函证

3. 在应对评估的重大错报风险时，注册会计师应选择实质性方案的有（　　）。

  A. 被审计单位高级管理人员存在舞弊

  B. 实施控制测试不符合成本效益原则

  C. 被审计单位不存在与特定认定相关的内部控制

  D. 被审计单位的控制环境存在严重缺陷

4. 注册会计师设计进一步审计程序应当考虑的因素包括（　　）。

A. 收费的高低

B. 重大错报发生的可能性

C. 被审计单位采用的特定控制的性质

D. 被审计单位管理层的预期

5. 下列有关进一步审计程序的说法中恰当的有（　　）。

A. 进一步审计程序包括控制测试和实质性程序

B. 注册会计师设计和实施的进一步审计程序的性质、时间安排和范围，应当与评估的认定层次重大错报风险具备明确的对应关系

C. 只有首先确保进一步审计程序的性质与特定风险相关时，扩大审计程序的范围才是有效的

D. 无论选择何种方案，注册会计师都应当对所有重大类别的交易、账户余额和披露设计与实施实质性程序

6. 在测试内部控制的运行有效性时，注册会计师应当获取的审计证据有（　　）。

A. 控制是否存在

B. 控制在审计期间相关时点是如何运行的

C. 控制是否得到一贯执行

D. 控制由谁执行

7. 下列情形中注册会计师应当实施控制测试的有（　　）。

A. 控制设计合理但是没有得到执行

B. 控制设计不合理但是得到执行

C. 在评估认定层次重大错报风险时，预期控制的运行有效

D. 仅实施实质性程序并不能够提供认定层次充分、适当的审计证据

8. 在执行财务报表审计业务时，如果被审计单位存在（　　）情形之一时，注册会计师一般应当实施控制测试。

A. 上年度内部控制存在重大缺陷，没有迹象表明本期有所改进

B. 内部控制已连续三年有效实施，没有迹象表明本期发生变化

C. 在与所考虑的内部控制相关的业务领域，全年总计发生三笔大额交易

D. 采用电子方式交易两万次，但不存在可以利用的计算机辅助审计技术

9. 注册会计师在实施控制测试时通常使用的审计程序包括（　　）。

A. 询问　　　　　　　　　B. 检查

C. 重新执行　　　　　　D. 分析程序

10. 在确定控制测试的性质时，注册会计师正确的做法有（　　）。

    A. 当拟实施的进一步审计程序以控制测试为主时，应当获取有关控制运行有效性的更高的保证水平
    B. 根据特定控制的性质选择所需实施审计程序的类型
    C. 询问本身不足以测试控制运行的有效性，应当与其他审计程序结合使用
    D. 考虑测试与认定直接相关和间接相关的控制

11. 在选择所需实施的控制测试的性质时，注册会计师应当考虑的主要因素有（　　）。

    A. 控制是否存在反映运行有效性的文件记录
    B. 控制是否与认定直接相关
    C. 控制是否属于自动化应用控制
    D. 控制是否与认定间接相关

12. 如果注册会计师通过实施实质性程序发现某项认定存在错报，注册会计师应当考虑实质性程序发现的错报对评价相关控制运行有效性的影响，可能考虑的措施有（　　）。

    A. 降低对相关控制的信赖程度
    B. 出具非无保留审计意见报告
    C. 扩大实质性程序的范围
    D. 得出内部控制运行无效的结论

13. 注册会计师在期中实施了控制测试，在考虑针对剩余期间需要获取补充审计证据时，下列说法中，错误的是（　　）。

    A. 需获取的剩余期间的补充证据与评估的认定层次重大错报风险呈同向变动
    B. 在信赖控制的基础上拟缩小实质性程序的范围与需获取的剩余期间的补充证据呈反向变动
    C. 控制环境越薄弱，注册会计师需要获取的剩余期间的补充证据越多
    D. 剩余期间越长，注册会计师需要获取的剩余期间的补充证据越少

14. 在确定控制测试的范围时，注册会计师应考虑的因素不包括（　　）。

    A. 特定控制的性质
    B. 误拒风险
    C. 对控制的依赖程度
    D. 拟获取的有关认定层次控制运行有效性的审计证据的相

关性和可靠性

15. 注册会计师于期中实施了实质性程序，针对剩余期间实施的审计程序，正确的有（　　）。
A. 仅实施控制测试
B. 仅实施实质性程序
C. 实施控制测试和实质性程序
D. 实施实质性方案

10.2　多选题

（三）判断题

1. 无论选择何种方案，注册会计师都应当对所有重大类别的交易、账户余额和披露设计与实施实质性程序。　　　　　　　　（　　）

2. 重大错报风险较高时，注册会计师应当考虑在期末或接近期末实施实质性程序。　　　　　　　　　　　　　　　　　　（　　）

3. 注册会计师设计和实施进一步审计程序的性质、时间安排和范围，只需与评估的财务报表层次重大错报风险具备明确对应关系。
　　　　　　　　　　　　　　　　　　　　　　　　　　　（　　）

4. 注册会计师在期中实施控制测试可能发挥积极的作用。
　　　　　　　　　　　　　　　　　　　　　　　　　　　（　　）

5. 当拟实施的进一步审计程序以控制测试为主时，注册会计师应当获取有关控制运行有效性的更高的保证水平。　　　　　（　　）

6. 注册会计师可以利用以前审计获取的控制运行有效性的审计证据，而无需考虑控制是否发生变化。　　　　　　　　　　（　　）

7. 针对特别风险实施审计程序时，通过风险评估了解到其内部控制预计运行有效，并实施了控制测试，则注册会计师针对特别风险实施的实质性程序就可以不包括细节测试，仅为实质性分析程序（假设分析程序适用）。　　　　　　　　　　　　　　　　　（　　）

8. 在确定控制测试的范围时，注册会计师无须考虑拟获取的有关认定层次控制运行有效性的审计证据的相关性和可靠性。（　　）

9. 通过实施实质性程序未发现某项认定存在错报，这本身并不能说明与该认定有关的控制是有效运行的。　　　　　　　　（　　）

10. 实质性程序是指用于发现认定层次重大错报的审计程序，所以只要实施了实质性程序，就一定能发现所有认定层次重大错报。
　　　　　　　　　　　　　　　　　　　　　　　　　　　（　　）

10.3　判断题

（四）简答题

1. A 注册会计师是甲公司 2024 年财务报表审计业务的项目合伙人，正在针对财务报表的重大错报风险设计和实施审计程序。相关情况摘录如下：

（1）针对识别出的与财务报表整体广泛相关的特别风险，A 注

第十章 风险应对

册会计师拟通过扩大控制测试和实质性程序的范围予以应对。

（2）实施应收账款函证程序时，A注册会计师为提高函证程序的不可预见性，拟以资产负债表日为函证截止日实施函证。

（3）在评估销售业务重大错报风险时，通过了解甲公司内部控制，预期其相关控制的运行是有效性的，A注册会计师拟实施控制测试。

（4）A注册会计师针对截至7月31日的应付账款相关内部控制实施了控制测试，获取了该控制有效运行的审计证据，拟不再关注。

（5）针对识别出的销售收入的舞弊风险，A注册会计师未实施控制测试，拟仅实施实质性分析程序予以恰当应对。

（6）针对识别出的有关应付账款低估的重大错报风险，A注册会计师拟选择包含在财务报表金额中的项目，以获取充分、适当的审计证据。

要求：针对事项（1）至事项（6），简要说明A注册会计师的做法是否恰当，如不恰当，简要说明理由。

2. B注册会计师负责对乙公司2024年度财务报表进行审计。在审计过程中，B注册会计师遇到了以下事项：

（1）被审计单位的仓库是按照产品类型分区的，以往监盘依照此顺序进行。今年为了增加不可预见性，B注册会计师随机选择从仓库的角落开始，避免被审计单位提前准备特定区域的存货。

（2）B注册会计师发现被审计单位存在特别风险，但经了解后认为相关内部控制设计合理且得到执行，故仅做控制测试验证其内部控制的有效性，未做任何实质性程序。

（3）B注册会计师认为，以前年度的关于营业收入计算准确性的证据对本期只有很弱的证据效力或没有证据效力，不足以应对本期的重大错报风险，因此在本年重新进行了检查。

（4）B注册会计师在2024年8月对现金支付审批相关的控制活动进行了控制测试，测试结果为内控运行有效。考虑到9~12月相关内控未发生任何变化，注册会计师直接将期中审计证据运用至期末。

（5）在审计乙公司的应收账款时，由于B注册会计师发现关于应收账款的内部控制测试显示其相关内部控制运行有效，故选取了较小的函证测试范围。

要求：针对事项（1）至事项（5），简要说明B注册会计师的做法是否恰当，如不恰当，简要说明理由。

3. 请简述在总体应对措施中，对审计程序作出调整所涉及的三个方面，并分别进行简单解释。

10.4 简答题

(五) 案例题

2016年6月17日,在经历了近一年的立案调查后,中国证监会认定欣泰电气(股票代码300372)涉嫌欺诈发行及信息披露违法违规,并向欣泰电气及相关责任人下发了行政处罚和市场禁入事先告知书。这意味着,由于欺诈发行,欣泰电气将成为创业板第一家终止上市的公司,更是中国证券市场第一家因欺诈发行被退市的上市公司。

欣泰电气成立于2007年,前身是原国有企业丹东整流器有限公司,注册资本7 000万元,于2014年1月在创业板上市,隶属于电器制造行业。欣泰电气于2008年12月5日起被认定为高新技术企业,主攻节能型输变电设备和无功补偿装置等电网性能优化设备的设计、生产和制造。

2009年9月,欣泰电气首次提交IPO申报项目。2011年3月,因盈利能力不足,欣泰电气IPO被否决。2011年6月,欣泰电气更换保荐机构为兴业证券,二度冲关IPO。2014年1月27日,欣泰电气上市成功。2015年7月,欣泰电气涉嫌违反相关法律法规而被立案调查,欣泰电气财务舞弊事件就此开始发酵。同时,其审计机构兴华会计师事务所因未勤勉尽责,出具的审计报告存在虚假记载,受到中国证监会的行政处罚。

欣泰电气主要会计问题摘录如下:

(1) 首次公开发行股票并在创业板上市申请文件中相关财务数据存在虚假记载(见表10-1)。

表10-1 欣泰电气相关财务数据 单位:万元

虚减项目	2011年	2012年	2013年
应收账款	10 156	12 062	15 840
其他应收账款		3 384	5 324
预付账款			500
虚增项目	2011年	2012年	2013年
经营活动产生的现金流净额	10 156	5 290	8 638
应付账款			2 421
货币资金			21 232

(2) 上市后披露的定期报告中存在虚假记载和重大遗漏(见表10-2)。

表 10-2　　　　　　　　　　欣泰电气定期报告　　　　　　　　单位：万元

项目	虚减应收账款	虚减其他应收账款	虚减其他应付账款	少计提坏账	虚增应付账款	虚增货币资金	虚增经营活动产生的现金流
2013 年年度报告	19 940	6 224		1 240	1 521	20 632	12 238
2014 年半年度报告	9 974	6 994	770	272	1 521	14 767	9 965
2014 年年度报告	7 262	7 478		363			12 944

2016 年 7 月 27 日，欣泰电气的审计机构北京兴华会计师事务所（特殊普通合伙）（以下简称"兴华所"）收到中国证监会行政处罚决定书（〔2016〕92 号）。经查明，兴华所存在以下违法事实：

（1）兴华所对欣泰电气 IPO 期间财务报表审计时未勤勉尽责，出具的审计报告存在以下虚假记载：

①在将收入识别为重大错报风险的情况下，对与其相关的应收账款明细账中存在的大量大额异常红字冲销情况未予关注。兴华所对欣泰电气 IPO 期间财务报表进行审计时，各会计期间都将收入评估为"可能存在较高重大错报风险的领域"，并在审计工作总结中将"收入及利润上涨风险"认定为"评估的特别风险"；2011 年年报审计时将"应收账款"科目认定为重大账户；2012 年年报和 2013 年半年报审计时将"应收账款存在"识别为"重要的交易、账户余额和披露及相关认定"。

注册会计师在对应收账款进行替代测试时，抽查 2013 年 1 月的 433 号、358 号凭证，红字冲销金额分别为 1 452 万元、1 647 万元，均涉及虚构应收账款收回。但审计人员未予以关注。

②未对应付账款、预付账款明细账中存在的大量大额异常红字冲销情况予以关注。

欣泰电气"应付账款"科目借方红字冲销的情况如下：

2011 年，"应付账款"科目发生 65 笔红字冲销，金额共计 18 722 万元。

2012 年，"应付账款"科目发生 63 笔红字冲销，金额共计 21 265 万元。

2013 年上半年，"应付账款"科目发生 177 笔红字冲销，金额共计 20 800 万元，其中包括部分欣泰电气虚构增加的应付账款共计 4 310 万元。

欣泰电气"预付账款"科目借方红字冲销的情况如下：

2013 年上半年,"预付账款"科目发生 11 笔红字冲销,金额共计 3 760 万元,其中包括欣泰电气虚构收回的预付账款共 3 500 万元。

注册会计师在对预付账款进行替代测试时,抽查 2013 年 6 月的 757 号、758 号凭证,红字冲销金额分别为 550 万元、450 万元,均涉及虚构收回预付账款。对于上述大量大额异常红字冲销情况,兴华所未保持职业怀疑予以关注,继而未设计和实施相应的审计程序以获取充分、适当的审计证据。

③在应收账款、预付账款询证函未回函的情况下,未实施替代程序,未获取充分适当的审计证据。

④未对银行账户的异常情况予以关注。兴华所对欣泰电气货币资金进行审计时,在丹东市商业银行函证未回函的情况下,对该账户 2013 年 1~6 月累计借方发生额为 -1 444 万元的异常情况未予关注,未实施进一步的审计程序,未能发现该账户。

(2) 兴华所对欣泰电气 2013 年财务报表审计时未勤勉尽责,出具的审计报告存在虚假记载(详情略)。

(3) 兴华所对欣泰电气 2014 年财务报表审计时未勤勉尽责,出具的审计报告存在虚假记载(详情略)。

思考问题:

1. 根据上述案情,试分析 IPO 企业造假屡禁不止,背后的深层次原因是什么?欣泰电气退市对投资者有些什么影响?

2. 审计人员在执行风险应对程序时应关注的要点有哪些?

3. 在本案例中,注册会计师在哪些地方可以进一步提升审计程序的不可预见性,这对审计工作有何意义?

资料来源:

1. 李花果."欣泰电气"财务舞弊案例研究 [J]. 财会通讯 2017 (10): 5-7.

2. 中国证券监督管理委员会. (2016-7-27). 中国证监会行政处罚决定书(北京兴华会计师事务所、王全洲、杨轶辉等 4 名责任人员),http://www.csrc.gov.cn/csrc/c101928/c1042793/content.shtml.

第十一章
销售与收款循环审计

一、学习目标及要求

通过本章的学习,学生应熟悉销售与收款循环的业务流程,精确描述销售与收款循环的关键业务活动及内部控制要点。掌握销售与收款循环可能存在的重大错报风险,独立评估并识别销售与收款循环的重大错报风险。掌握销售与收款循环的审计目标,熟悉销售与收款循环的审计测试逻辑,制定并执行销售与收款循环的审计目标和进一步审计程序。培养细致严谨的工作态度,确保审计过程中的准确性。遵守审计职业道德,保持审计工作的独立性和客观性。

二、重要名词

1. 销售与收款循环
2. 账户法
3. 循环法
4. 销售订单
5. 信用审批
6. 发货单
7. 销售发票
8. 销售折扣与折让
9. 应收账款
10. 账龄分析
11. 坏账准备
12. 收入确认

三、重难点问题

1. 销售与收款业务循环的主要业务活动及关键内部控制。
2. 销售与收款业务循环的审计测试目标(与财务报表认定)及审计程序。
3. 销售与收款业务循环可能存在的重大错报风险点。
4. 常用的控制测试程序。
5. 常用的实质性程序。

四、练习题

（一）单选题

1. 下列关于销售与收款循环的内部控制中，注册会计师认为与营业收入的发生认定直接相关的是（　　）。
   A. 赊销业务需经信用管理部门审批
   B. 仓储部门收到经审批的销售单后才能安排供货
   C. 开票人员无权修改系统中已设置好的商品价目清单
   D. 财务人员根据销售单、客户签收单和销售发票确认收入

2. 下列认定中，与销售信用批准控制最直接相关的是（　　）。
   A. 准确性、计价和分摊　　　B. 发生
   C. 权利和义务　　　　　　　D. 完整性

3. 下列有关注册会计师实施应收账款函证程序的说法中，正确的是（　　）。
   A. 如果重大错报风险评估为低水平，注册会计师可以不实施应收账款函证程序
   B. 对小型企业财务报表执行审计时，注册会计师可以不实施应收账款函证程序
   C. 如果有充分证据表明函证很可能无效，注册会计师可以不实施应收账款函证程序
   D. 如果在收入确认中不存在由于舞弊导致的重大错报风险，注册会计师可以不实施应收账款函证程序

4. 下列各项做法中，最有助于应对低估应收账款的重大错报风险的是（　　）。
   A. 寄发消极式询证函
   B. 检查形成应收账款的相关凭证
   C. 寄发积极式询证函，并列明余额要求被询证者确认
   D. 寄发积极式询证函，并不列明余额要求被询证者填写

5. 注册会计师在了解被审计单位销售与收款循环相关的内部控制时注意到，在日常交易过程中，被审计单位将货物运抵指定地点后，需由客户验收无误并取得其签署的验收单，并将其作为确认收入的重要凭据。注册会计师认为该控制活动与销售交易的（　　）认定直接相关。
   A. 准确性　　B. 发生　　C. 存在　　D. 完整性

6. 下列各项销售与收款循环相关的内部控制，存在控制缺陷的是（　　）。
   A. 某长期客户临时申请延长信用期需由销售部经理批准
   B. 每季度末，财务部向客户寄送对账单

C. 企业定期对应收账款的信用风险进行评估，并根据预期信用损失计提坏账准备

D. 企业在批准客户订购单之后，签订销售合同，并编制一式多联的销售单

7. 甲公司为某游乐园提供三年期的游客运输服务。合同约定，甲公司每年收取固定运输费 300 万元，此外，如果按月度计算的平均准点率达到既定标准，合同期届满时甲公司可额外获得 60 万元奖励款。根据历史数据，注册会计师评估认为甲公司准点率达标的可能性较低，但甲公司管理层仍将奖励款的部分计入了交易价格，并以此为基础确认收入。注册会计师认为上述情况与营业收入的（　　）认定最为直接相关。

  A. 发生　　　B. 准确性　　　C. 完整性　　　D. 截止

8. 下列有关收入确认存在舞弊风险的说法中，正确的是（　　）。

  A. 存在舞弊风险迹象必然表明被审计单位在收入确认方面发生了舞弊

  B. 存在舞弊风险迹象必然表明被审计单位在收入确认方面存在舞弊风险

  C. 了解舞弊风险迹象，有助于注册会计师更有针对性地采取应对措施

  D. 注册会计师保持职业怀疑，有助于识别所有的舞弊风险迹象

9. 注册会计师在运用销售与收款循环中的各种凭证时应注意商品价目表对于主营业务收入来说一般只能证明（　　）认定，而不能证明其他认定。

  A. 发生　　　　　　　　　B. 准确性
  C. 完整性　　　　　　　　D. 权利和义务

10. 被审计单位管理人员、附属公司所欠款项应与客户的欠款分开记录，可以确保被审计单位关于应收账款的认定是（　　）。

  A. 存在　　　　　　　　　B. 完整性
  C. 权利与义务　　　　　　D. 分类和可理解性

11.1　单选题

（二）多选题

1. 下列各项审计程序中，可以为营业收入发生认定提供审计证据的有（　　）。

  A. 从营业收入明细账中选取若干记录，检查相关原始凭证
  B. 对应收账款余额实施函证
  C. 检查应收账款明细账的贷方发生额
  D. 调查本年新增客户的工商资料、业务活动及财务状况

2. 下列关于销售与收款循环中各业务活动和相关认定的说法中，注册会计师认为正确的有（ ）。
   A. 财务部门正确编制应收账款账龄分析表，与应收账款的存在认定直接相关
   B. 会计主管人员检查向客户开具的销售发票是否连续编号，与营业收入的发生认定直接相关
   C. 会计主管人员按照客户验收单载明的日期进行收入确认，与营业收入的截止认定直接相关
   D. 开具账单部门依据已批准的商品价目表开具销售发票，与营业收入的准确性认定直接相关

3. 下列各项情形中，可能导致收入存在低估风险的有（ ）。
   A. 通过与未披露的关联方虚构无真实交易背景的交易
   B. 在客户取得相关商品控制权前确认销售收入
   C. 对于应采用总额法确认收入的销售交易，被审计单位采用净额法确认收入
   D. 对于属于在某一时段内履约的销售交易，被审计单位采用完工后确认收入

4. 注册会计师识别出被审计单位收入真实性存在重大异常情况，拟实施实地走访程序获取进一步的审计程序。下列各项中，属于注册会计师需要关注的事项的有（ ）。
   A. 被访谈对象的身份真实性和适当性
   B. 相关客户向被审计单位进行采购的商业理由
   C. 相关客户从被审计单位采购的商品的库存情况
   D. 相关供应商与被审计单位之间的交易规模是否和其生产经营规模匹配

5. 下列各项中，可能表明存在收入确认的舞弊风险迹象的有（ ）。
   A. 被审计单位发运单日期有明显更改痕迹
   B. 被审计单位与疑似关联方客户进行大量交易
   C. 被审计单位临近期末的交易量激增
   D. 被审计单位多项不同的应收账款均从同一付款单位收回

6. 下列各项与收入确认相关的认定中，注册会计师可能假定为存在舞弊风险的有（ ）。
   A. 发生　　B. 完整性　　C. 准确性　　D. 截止

7. 下列关于应收账款函证的说法中，正确的有（ ）。
   A. 若应收账款在全部资产中所占的比重较大，则函证的范围应相应扩大
   B. 如果有充分证据表明应收账款对被审计单位财务报表不重

要，注册会计师在审计工作底稿中说明理由后，可以不实施函证
   C. 采用积极方式实施函证能够更好地应对应收账款低估风险
   D. 如果回函中存在不符事项，表明该项应收账款存在错报
8. 下列关于应收账款函证程序的说法中，正确的有（   ）。
   A. 注册会计师应当对应收账款进行函证，除非应收账款对被审计单位财务报表而言不重要且相关的重大错报风险很低
   B. 如果注册会计师不对应收账款进行函证，应当在审计工作底稿中说明理由
   C. 如果认为函证很可能是无效的，注册会计师应当实施替代审计程序
   D. 注册会计师寄发不列明余额的函证，无法应对应收账款的高估风险
9. 下列各项中，会导致固有风险增加的有（   ）。
   A. 被审计单位需要识别的合同中存在多个单项履约义务
   B. 确定单独售价时，被审计单位需要对采用的方法和参数作出选择
   C. 确定合同履约进度时，涉及重大的管理层判断
   D. 被审计单位以往年度未签订过类似合同
10. 下列各项中，会导致控制风险增加的有（   ）。
    A. 该项控制属于非常规控制
    B. 执行该项控制时涉及履约进度和收入确认等重大判断
    C. 该项控制对被审计单位重要程度很高
    D. 执行该项控制的人员经验较少

11.2 多选题

（三）判断题

1. 注册会计师对内部控制的信赖程度不会因为控制测试的结果而改变。   （   ）
2. 贷项通知单是用来表示由于销售退回或经批准的折让而引起的应收销货款减少的凭证。   （   ）
3. 对于赊销业务，信用部门经理按照本企业赊销政策进行信用批准，复核顾客订购单、并在销售单上签字，能够有效降低坏账风险，与应收账款的完整性认定相关。   （   ）
4. 被审计单位管理人员、附属公司所欠款项应计入其他应收款，而客户欠款则应计入应收账款，将两者分开记录是为了防止应收账款截止认定错误。   （   ）
5. 记录销售的人员应当只依据附有有效装运凭证和销售单的销售发票记录销售，该控制与销售交易的"发生"认定有关。（   ）
6. 存在舞弊风险迹象表明发生了舞弊。   （   ）

7. 注册会计师通过比较前期坏账准备计提数和实际发生数以及检查期后事项，主要是为了评价应收账款期末余额是否正确。（　　）

8. 单独测试时未发生减值的应收账款，直接认定无须计提坏账准备。（　　）

9. 发运凭证在发运货物时编制，一联寄送给客户，其余联由企业保留。（　　）

10. 注册会计师发现被审计单位将商品从某一地点移送至另一地点，并凭出库单和运输单据为依据记录销售收入，判定被审计单位存在为了达到报告期内降低税负的目的而少计收入或延后确认收入的倾向。（　　）

11.3 判断题

（四）简答题

1. A 注册会计师负责审计常年审计客户甲公司 2024 年度财务报表，在对销售与收款循环审计的过程中，遇到下列事项：

（1）A 注册会计师在识别和评估与收入相关的重大错报风险时，假定收入确认存在舞弊风险。

（2）甲公司 2024 年 12 月 31 日应收账款余额为 6 000 万元。A 注册会计师认为应收账款存在重大错报风险，决定选取金额较大及风险较高的应收账款明细账户实施函证程序。被询证的其中一个客户（乙公司）将回函寄至甲公司财务部，由甲公司的财务总监转交给审计项目组，审计项目组予以接收并将其归入审计工作底稿。

（3）审计项目组根据甲公司财务人员提供的电子邮箱地址，向甲公司境外客户丙公司发送了电子邮件，询证应收账款余额，并收到了电子邮件回复。丙公司确认余额准确无误。审计项目组将电子邮件打印后归入审计工作底稿。

（4）A 注册会计师收到被询证方丁公司的回函，回函表示不符，解释说 2024 年 12 月 10 日确实从甲公司购买了一批货物，但是因货物质量上有缺陷，已退回甲公司。A 注册会计师立即提请甲公司调整应收账款账户余额。

（5）针对收入确认的舞弊风险，甲公司制定了详尽周密的内部控制制度。A 注册会计师经了解，该项内部控制在本期内未发生变化，注册会计师拟信赖以前审计获取的审计证据。

要求：针对上述第（1）至（5）项，逐项指出 A 注册会计师的做法是否恰当。如不恰当，简要说明理由。

2. 甲公司是 ABC 会计师事务所常年审计客户，A 注册会计师负责甲公司年报审计，审计过程中发现的下列事项中，假定不考虑其他条件，指出 A 注册会计师的做法是否恰当，如不恰当，简要说明理由。

（1）甲公司的直销设备在送达客户指定场所并安装验收后确认收入。在测试直销设备营业收入的完整性时，A注册会计师检查了仓储部门留存的出库单的完整性，从中选取样本，追查至营业收入明细账，结果满意。

（2）A注册会计师对甲公司店面租金费用实施实质性分析程序时，确定可接受差异额为400万元，账面金额比期望值少1 400万元。A注册会计师针对其中1 200万元的差异进行了调查，结果满意。因剩余差异小于可接受差异额，A注册会计师认可了管理层记录的租金费用。

（3）A注册会计师采用实质性分析程序测试甲公司2018年度的借款利息支出，发现已记录金额与预期值之间存在600万元差异，因可接受差异额为500万元，A注册会计师要求管理层更正了100万元的错报。

（4）甲公司根据销售合同在发出商品时确认收入。客户乙公司回函确认金额小于函证金额，甲公司管理层解释系期末发出商品在途所致。A注册会计师检查了合同、出库单以及签收单等支持性文件，并与乙公司财务人员电话确认了相关信息，结果满意。

（5）A注册会计师在实施销售截止测试时，因收入存在高估风险，从资产负债表日前若干天的客户签收记录查至收入明细账，并从资产负债表日后若干天的收入明细账查至客户签收记录，未发现异常。

11.4 简答题

第十二章 采购与付款循环的审计

一、学习目标及要求

通过本章的学习，学生应熟悉采购与付款循环的业务流程，精确描述采购与循环的关键业务活动及内部控制要点。掌握采购与付款循环可能存在的重大错报风险，独立评估并识别采购与付款循环的重大错报风险。掌握采购与付款循环的审计目标，熟悉采购与付款循环的审计测试逻辑，制定并执行采购与付款循环的审计目标和进一步审计程序。培养细致严谨的工作态度，确保审计过程中的准确性。遵守审计职业道德，保持审计工作的独立性和客观性。

二、重要名词

1. 采购与付款循环
2. 请购单
3. 订购单
4. 验收单
5. 付款凭单
6. 应付账款

三、重难点问题

1. 采购与付款循环的主要业务活动及关键内部控制。
2. 采购与付款循环的审计测试目标（与财务报表认定）及审计程序。
3. 采购与付款循环可能存在的重大错报风险点。
4. 常用的控制测试程序。
5. 常用的实质性程序。

四、练习题

（一）单选题

1. 下列有关采购业务涉及的主要单据和会计记录的说法中，恰当的是（   ）。

A. 请购单是由生产等相关部门的有关人员填写，送交财务部门，是申请购买商品、劳务或其他资产的书面凭据
B. 订购单是由采购部门填写，经适当的管理层审核后发送供应商，是向供应商购买订购单上所指定的商品和劳务的书面凭据
C. 验收单是收到商品时所编制的凭据，只列示采购商品的金额
D. 采购部门在收到请购单后，请购单无论是否经过批准，都可以发出订购单

2. 以下针对采购与付款主要业务活动的具体控制活动说法中，不恰当的是（　　）。
    A. 基于企业的生产经营计划，生产、仓库等部门定期编制采购计划，经部门负责人等适当的管理人员审批后提交采购部门，具体安排商品及服务采购
    B. 采购部门只能向通过审核的供应商进行采购
    C. 验收后，仓储部门应对已收货的每张订购单编制一式多联、预先按顺序编号的验收单，作为验收和检验商品的依据
    D. 记录采购交易之前，应付凭单部门应核对订购单、验收单和卖方发票的一致性并编制付款凭单

3. 下列有关采购业务相关控制活动的说法中，不恰当的是（　　）。
    A. 采购部门只能向通过审核的供应商进行采购
    B. 将已验收商品的保管与采购的其他职责相分离，可减少未经授权的采购和盗用商品的风险
    C. 采购部门在收到请购单后，只能对经过恰当批准的请购单发出订购单
    D. 编制连续编号的请购单，仅与采购交易"完整性"认定相关

4. 从采购明细账追查至验收单，能查明存货的（　　）认定。
    A. 存在   B. 计价和分摊
    C. 完整性   D. 权利和义务

5. 下列各项实质性程序中，与存货计价和分摊认定最相关的是（　　）。
    A. 参照卖方发票，比较会计科目表上的分类
    B. 复算包括折扣和运费在内的卖方发票填写金额的准确性
    C. 检查卖方发票、验收单、订购单和请购单的合理性和真实性
    D. 从卖方发票追查至采购明细账

6. 下列选项中，最能发现未入账的应付账款的是（　　）。
    A. 检查验收单   B. 检查营业成本的计算

C. 函证应收账款　　　　　　D. 检查营业收入的确认

7. 以下审计程序中，注册会计师最有可能证实已记录应付账款存在的是（　　）。

A. 从应付账款明细账追查至购货合同、购货发票和入库单等凭证

B. 检查采购文件以确定是否使用预先编号的采购单

C. 抽取购货合同、购货发票和入库单等凭证，追查至应付账款明细账

D. 向供应商函证零余额的应付账款

8. 在验证应付账款余额不存在漏报时，注册会计师获取的以下审计证据中，证明力最强的是（　　）。

A. 供应商开具的销售发票

B. 供应商提供的月对账单

C. 被审计单位编制的连续编号的验收报告

D. 被审计单位编制的连续编号的订货单

9. 注册会计师计算被审计单位 2017 年度的毛利率并与以前期间比较，最难以发现下列（　　）项目中存在的错报。

A. 营业收入　　　　　　　　B. 应收账款

C. 营业成本　　　　　　　　D. 应付账款

10. 函证被审计单位的应付账款时，注册会计师的以下做法正确的是（　　）。

A. 某账户在资产负债表日账户余额较小，但为被审计单位重要供应商，注册会计师决定不对其函证

B. 如果存在被询证者最终未作回复的重大项目，注册会计师应采用替代审计程序

C. 注册会计师不需要对函证的过程进行控制

D. 某账户在资产负债表日账户余额为零，但为被审计单位重要供应商，注册会计师决定不对其函证

12.1　单选题

（二）多选题

1. 采购与付款循环的下列相关凭单中，编制后需要相关人员签字批准的有（　　）。

A. 请购单　　B. 订购单　　C. 验收单　　D. 付款凭单

2. 以下各项中，应当职责分离的有（　　）。

A. 请购与审批　　　　　　　B. 询价与确定供应商

C. 采购合同的订立与审批　　D. 付款审批与付款执行

3. 记录采购交易之前，应付凭单部门应编制付款凭单，这项功能的控制包括（　　）。

A. 确定供应商发票的内容与相关的验收单、订购单的一致性

B. 确定供应商发票计算的正确性

C. 编制有预先顺序编号的付款凭单，并附上支持性凭证，同时独立检查付款凭单的正确性

D. 在付款凭单上填入应借记的资产或费用账户名称

4. 下列内部控制中，与存货的"存在"认定相关的有（　　）。

A. 将已验收商品的保管与采购的其他职责相分离

B. 应由被授权的财务部门的人员负责签署支票

C. 存放商品的仓储区应相对独立，限制无关人员接近

D. 确定供应商发票计算的正确性

5. 被审计单位材料采购业务存在的以下情况中，属于内部控制设计缺陷的有（　　）。

A. 请购单既有仓库人员填制的，也有车间、管理部门人员填制的

B. 请购单没有连续编号，请购业务的审批人员涉及各个部门

C. 验收人员出差期间，验收工作由采购部门人员代为执行

D. 如未收到卖方发票，被验收的原材料不能办理入库手续

6. 下列有关被审计单位影响采购与付款交易和余额的重大错报风险可能包括（　　）。

A. 低估负债或相关准备

B. 管理层错报负债费用支出的偏好和动因

C. 费用支出的复杂性

D. 舞弊和盗窃的固有风险

7. 下列关于应付账款函证的说法，正确的有（　　）。

A. 应对询证函保持控制，包括确定需要确认或填列的信息、选择适当的被询证者、设计询证函，以及被询证者直接向注册会计师回函的地址等信息，必要时再次向被询证者寄发询证函等

B. 将询证函余额与已记录金额相比较，如存在差异，检查支持性文件

C. 对于未作回复的函证实施替代程序，如检查至付款文件（如，现金支出、电汇凭证和支票复印件）、相关的采购文件（如，采购订单、验收单、发票和合同）或其他适当文件

D. 如果认为回函不可靠，评价对评估的重大错报风险以及其他审计程序的性质、时间安排和范围的影响

8. 在以下审计程序中，有助于发现被审计单位年末未入账应付账款的有（　　）。

A. 检查资产负债表日后应付账款明细账贷方发生额的相应凭

证，关注其购货发票的日期，确认其入账时间是否合理

B. 获取并检查被审计单位与其供应商之间的对账单以及被审计单位编制的差异调节表，确定应付账款金额的准确性

C. 针对资产负债表日后付款项目，检查银行对账单及有关付款凭证（如银行汇款通知、供应商收据等），询问被审计单位内部或外部的知情人员，查找有无未及时入账的应付账款

D. 结合存货监盘程序，检查被审计单位在资产负债表日前后的存货入库资料（验收报告或入库单），检查相关负债是否计入了正确的会计期间

9. 针对除折旧/摊销、人工费用以外的一般费用，注册会计师拟实施的下列实质性程序中恰当的有（　　　）。

A. 实质性分析程序

B. 获取一般费用明细表，复核其加计数是否正确、并与总账和明细账合计数核对是否正确

C. 对本期发生的费用选取样本，检查其支持性文件，确定原始凭证是否齐全，记账凭证与原始凭证是否相符以及账务处理是否正确

D. 抽取资产负债表日前后的凭证，实施截止测试，评价费用是否被记录于正确的会计期间

12.2　多选题

（三）判断题

1. 采购部门只能向通过审核的供应商进行采购。　　　　（　　）

2. 将已验收商品的保管与采购的其他职责相分离，可减少未经授权的采购和盗用商品的风险。　　　　　　　　　　　　（　　）

3. 采购部门收到请购单后，只能对经过恰当批准的请购单发出订购单。　　　　　　　　　　　　　　　　　　　　　（　　）

4. 编制连续编号的请购单仅与采购交易"完整性"认定相关。
　　　　　　　　　　　　　　　　　　　　　　　　（　　）

5. 被审计单位为了满足环保要求，为某生产设备配套购置环保设备。被审计单位认为企业的环保设备虽然不能直接为企业带来经济利益，却有助于企业从相关资产中获得经济利益，也应当确认为固定资产。该生产设备实际成本为100万元，环保设备实际成本为60万元，这两类资产可收回金额总额为150万元。被审计单位本着实际成本原则，将生产设备按100万元入账，环保设备按60万元入账。
　　　　　　　　　　　　　　　　　　　　　　　　（　　）

6. 对大规模企业而言，企业内部各个部分都可以填列请购单。为了加强控制，企业的请购单应当连续编号。　　　　　（　　）

7. 如果注册会计师通过实施审计程序发现被审计单位确实存在

未入账的应付账款,除了将有关情况详细记入工作底稿之外,还应根据重要性原则确定是否需要建议被审计单位进行相应的调整。（ ）

8. 对于因更新改造而增加的固定资产,注册会计师应检查被审计单位是否对折旧进行了重新计算。（ ）

9. 因为多数舞弊企业往往存在低估应付账款,所以函证不能保证查出所有未入账的应付账款。（ ）

10. 注册会计师计算了 2024 年 XYZ 公司的甲类机器设备固定资产原值与 2024 年该类固定资产生产的产品产量两者的比率,通过与 2023 年的相同比率比较,发现 2024 年每台设备生产 1 280 件甲产品,2023 年每台相同设备生产 1 442 件甲产品,因此注册会计师判断该比率的重大差异很有可能是甲类型机器设备实际上已报废而 2024 年的账面上未注销导致。（ ）

12.3 判断题

（四）简答题

1. ABC 会计师事务所的 A 注册会计师负责审计甲公司 2016 年度财务报表,审计工作底稿中与负债审计相关的部分内容摘录如下:

（1）基于对甲公司及其环境的了解,A 注册会计师发现管理层承受较高的盈利预期,拟重点关注以及应对相关负债及资产减值损失等的低估风险。

（2）为查找未入账的负债,A 注册会计师获取了期后收取、记录或支付的发票明细,评价费用是否被记录于正确的会计期间,并相应确定是否存在期末未入账负债,结果满意。

（3）基于甲公司存在应付关联方的款项,A 注册会计师了解了交易的商业理由,检查了发票、合同、协议及入库和运输单据等相关文件以及甲公司和关联的对账记录,结果满意。

（4）甲公司有一笔账龄三年以上金额重大的其他应付款,因 2016 年未发生变动,A 注册会计师未实施进一步审计程序。

（5）甲公司将经批准的合格供应商信息录入信息系统形成供应商主文档,生产部员工在信息系统中填制连续编号的请购单时只能选择该主文档中的供应商。供应商的变动需由采购部经理批准,并由其在系统中更新供应商主文档。A 注册会计师认为该内部控制设计合理,拟予以信赖。

要求:针对上述第（1）至（5）项,逐项指出 A 注册会计师的做法是否恰当。如不恰当,简要说明理由。

2. ABC 会计师事务所的 A 注册会计师负责审计甲公司 2024 年度财务报表。审计工作底稿中与负债审计相关的部分内容摘录如下:

（1）甲公司各部门使用的请购单未连续编号,请购单由部门经理批准,超过一定金额还需总经理批准。A 注册会计师认为该项控制设计有效,实施了控制测试,结果满意。

(2)为查找未入账的应付账款,A 注册会计师检查了资产负债表日后应付账款明细账贷方发生额的相关凭证,并结合存货监盘程序,检查了甲公司资产负债表日前后的存货入库资料,结果满意。

(3)由于 2024 年人员工资和维修材料价格持续上涨,甲公司实际发生的产品质量保证支出与以前年度的预计数相差较大,A 注册会计师要求管理层对该差异进行追溯调整。

(4)甲公司有一笔账龄三年以上、金额重大的其他应付款。因 2024 年度未发生变动,A 注册会计师未实施进一步审计程序。

(5)甲公司年末与固定资产弃置义务相关的预计负债余额为 200 万元。A 注册会计师作出了 300 万元到 360 万元之间的区间估计,与管理层沟通后同意其按 100 万元的错报进行调整。

要求:针对上述第(1)至(5)项,逐项指出 A 注册会计师的做法是否恰当。如不恰当,简要说明理由。

12.4 简答题

(五)综合题

甲公司是 ABC 会计师事务所的常年审计客户,从事小型生产线的生产和销售,产品主要用于出口。2017 年度甲公司税前利润为 180 万元。ABC 会计师事务所承接了甲公司 2017 年度财务报表审计业务,并委派 A 注册会计师担任审计项目合伙人,确定财务报表整体的重要性为 240 万元。

资料一:

A 注册会计师在审计工作底稿中记录了所了解的甲公司的情况及其环境,部分内容摘录如下:

(1)甲公司产品出口以美元定价,人民币对美元的汇率由 2017 年初的 6.3∶1 升值至 2017 年 11 月 1 日的 6.0∶1,之后基本保持稳定。2017 年下半年,受欧洲经济不景气的影响,收入减少,销售价格下降了 10%。

(2)由于原部件成本上升,甲公司从 2016 年下半年开始大量采购原部件,但是从 2017 年 11 月开始原部件价格大幅下降,产品价格也有一定幅度的下降。

(3)甲公司原租用的办公楼月租金为 50 万元。自 2017 年 10 月 1 日起,甲公司租用新办公楼,租期一年,月租金 80 万元,免租期 3 个月。

资料二:

A 注册会计师在审计工作底稿中记录了所获取的甲公司财务数据,部分内容摘录如下表所示(金额单位:人民币万元)。

项目	2017年（未审数）	2016年（已审数）
营业收入	6 000	5 000
营业成本	5 000	4 500
管理费用—租赁费	450	600
存货账面余额	1 500	600
减：存货跌价准备	375	180
存货账面价值	1 125	420

资料三：

A注册会计师在审计工作底稿中记录了拟实施的实质性程序，部分内容摘录如下：

（1）从营业收入明细账中抽取大额的销售业务，检查是否符合收入的确认条件；

（2）将存货跌价准备本年计提数与资产减值损失相应明细项目的发生额核对是否相符；

（3）检查房屋租赁合同，确认是否存在免租期约定及相应租金、租期等细节内容。

要求：

（1）针对资料一（1）至（3），结合资料二，假定不考虑其他条件，逐项指出资料一所列事项是否表明可能存在重大错报风险。如果认为存在，简要说明理由，并分别说明该风险属于财务报表层次还是认定层次。如果认为属于认定层次，指出相关事项主要与哪些财务报表项目（仅限于：营业收入、营业成本、资产减值损失、管理费用、存货、其他应付款）的哪些认定相关。

（2）针对资料三第（1）至（3）项，结合资料二，假定不考虑其他条件，逐项判断资料三所列实质性程序对发现根据资料一识别的认定层次重大错报风险是否直接有效。如果直接有效，指出资料三所列实质性程序与资料一的第几个事项的认定层次重大错报风险直接相关，并简要说明理由。

12.5 综合题

第十三章
生产与存货循环的审计

一、学习目标及要求

通过本章的学习，学生应熟悉生产与存货循环的业务流程，精确描述生产与存货循环的关键业务活动及内部控制要点。掌握生产与存货循环可能存在的重大错报风险，独立评估并识别生产与存货循环的重大错报风险。掌握生产与存货循环的审计目标，熟悉生产与存货循环的审计测试逻辑，制定并执行生产与存货循环的审计目标和进一步审计程序。培养细致严谨的工作态度，确保审计过程中的准确性。遵守审计职业道德，保持审计工作的独立性和客观性。

二、重要名词

1. 生产通知单　　　　　　2. 领料单
3. 产成品入库单　　　　　4. 存货盘点
5. 存货跌价准备　　　　　6. 永续盘存制
7. 实地盘存制　　　　　　8. 可变现净值
9. 计价测试　　　　　　　10. 存货监盘

三、重难点问题

1. 生产与存货业务循环的主要业务活动及关键内部控制。
2. 生产与存货业务循环的审计测试目标（与财务报表认定）及审计程序。
3. 生产与存货业务循环可能存在的重大错报风险点。
4. 常用的控制测试程序。
5. 常用的实质性程序。

四、练习题

（一）单选题

1. 用于识别流动较慢或滞销的存货，并根据市场情况和经营预测，确定是否需要计提存货跌价准备的单据是（　　）。

　　A. 生产指令　　　　　　　　B. 材料费用分配表
　　C. 存货货龄分析表　　　　　D. 从存货盘点指令

2. 签发预先顺序编号的生产通知单的部门是（　　）。

　　A. 人事部门　　　　　　　　B. 销售部门
　　C. 会计部门　　　　　　　　D. 生产计划部门

3. 针对了解被审计单位生产和存货循环的业务活动和相关内部控制，注册会计师通常实施的审计程序不包括（　　）。

　　A. 询问参与生产和存货循环各业务活动的被审计单位人员
　　B. 观察生产部门如何将完工产品移送入库并办理手续
　　C. 检查原材料领料单、成本计算表、产成品出入库单等
　　D. 重新执行制定生产计划、领料生产、成本核算、完工入库的整个过程

4. 在满足职务分离的基本要求下，仓储部门职员除了履行保管存货的职责外，还可以兼任下列（　　）职务。

　　A. 存货的清查　　　　　　　B. 存货的验收
　　C. 存货的采购　　　　　　　D. 存货处置的申请

5. 如果被审计单位在接触存货时没有设置授权审批的内部控制措施，将导致存货（　　）认定出现重大错报风险。

　　A. 存在　　　　　　　　　　B. 完整性
　　C. 计价和分摊　　　　　　　D. 权利和义务

6. 针对被审计单位盘点存货时，通常可能涉及的内部控制要求的说法中不恰当的是（　　）。

　　A. 系统根据存货入库日期自动统计货龄，每月月末生成存货货龄分析表
　　B. 仓库保管员每月月末盘点存货并与仓库台账核对并调节一致
　　C. 成本会计监督仓库保管员盘点与核对，并抽查部分存货进行复盘
　　D. 每年年末盘点所有存货，并根据盘点结果分析盘盈盘亏并进行账面调整

7. 注册会计师在遇到下列（　　）情况时，可以放弃存货监盘，实施替代审计程序。

　　A. 被审计单位存货存放在国外的子公司，导致监盘成本过高
　　B. 会计师事务所审计业务增多，每个审计项目的时间被压缩
　　C. 因存货性质特殊，审计项目组没有聘请到相关专家
　　D. 存货本身对注册会计师的安全存在威胁

8. 下列各项中，属于注册会计师在监盘过程中主要目的的是（　　）。

A. 为确定存货的所有权提供证据

B. 为确定存货的存在提供证据

C. 为测试存货跌价准备提供证据

D. 为确定存货的完整性提供证据

9. 下列各项程序中，通常无法为由第三方保管或控制的存货提供可靠的审计证据的是（　　）。

A. 向第三方函证存货的数量和状况

B. 安排其他注册会计师实施对第三方的存货监盘

C. 检查被审计单位提供的相关文件记录

D. 获取其他注册会计师针对第三方存货盘点的内部控制的适当性而出具的报告

10. 下列有关存货监盘的说法中，正确的是（　　）。

A. 注册会计师在实施存货监盘过程中不应协助被审计单位的盘点工作

B. 注册会计师实施存货监盘通常可以确定存货的所有权

C. 由于不可预见的情况而导致无法在预定日期实施存货监盘，注册会计师可以实施替代审计程序

D. 注册会计师主要采用观察程序实施存货监盘

13.1　单选题

（二）多选题

1. 领料单通常一式三联，分别用于（　　）。

A. 连同材料交给领料部门

B. 留在仓库登记材料明细账

C. 交会计部门进行材料收发核算和成本核算

D. 交验收部门用于检验材料是否合格

2. 生产计划部门根据（　　）来决定生产授权。

A. 客户订购单

B. 管理费用预算

C. 财务费用预算

D. 销售预测和产品需求的分析

3. 针对一般制造类企业，影响生产与存货循环交易和余额的风险因素可能包括（　　）。

A. 成本核算的复杂性

B. 交易的数量和复杂性

C. 产品的多元化

D. 某些存货项目的可变现净值难以确定

4. 对于成本的完整性认定，注册会计师可以采取的控制测试程序有（　　）。

A. 检查生产通知单的顺序编号是否完整

B. 对成本实施实质性分析程序
C. 将制造费用分配表与成本明细账相核对
D. 检查领料单的顺序编号是否完整

5. 下列属于存货监盘目标的有（   ）。
   A. 获取被审计单位资产负债表日有关存货数量和状况以及有关管理层存货盘点程序可靠性的审计证据
   B. 对存货进行计价测试
   C. 检查存货的数量是否真实完整
   D. 检查存货有无毁损、陈旧、过时、残次和短缺等状况

6. 注册会计师在确定存货监盘范围时，应考虑的因素有（   ）。
   A. 存货的内容及性质
   B. 存货的重大错报风险
   C. 审计项目组的人员数量
   D. 被审计单位与存货相关的内部控制

7. 下列关于存货监盘的说法中，正确的包括（   ）。
   A. 如果只有少数项目构成了存货的主要部分，注册会计师可能选择将存货监盘用作实质性程序
   B. 在确定资产数量或资产实物状况，或在收集特殊类别存货的审计证据时，注册会计师可以考虑利用专家的工作
   C. 特殊情况下，注册会计师可能决定在不预先通知的情况下对特定存放地点的存货实施监盘
   D. 存货监盘的时间，应当与被审计单位实施存货盘点的时间相协调

8. 针对注册会计师在对期末存货进行截止测试时的说法中恰当的有（   ）。
   A. 注册会计师通常可观察存货的验收入库地点和装运出库地点以执行截止测试
   B. 在存货入库和装运过程中采用连续编号的凭证时，注册会计师应当关注截止日期前的最后编号
   C. 如果被审计单位没有使用连续编号的凭证，注册会计师应当列出截止日期以前的最后几笔装运和入库记录
   D. 在存货入库和装运过程中采用连续编号的凭证时，注册会计师应当关注盘点日前的最后编号

9. 以下有关存货计价的说法中，恰当的有（   ）。
   A. 为验证财务报表上存货余额的真实性，应当对存货的计价进行审计
   B. 在对存货的计价实施细节测试之前，注册会计师通常先要了解被审计单位本年度的存货计价方法与以前年度是否保

持一致。如发生变化,变化的理由是否合理,是否经过适当的审批

  C. 存货计价测试包括测试被审计单位所使用的存货单位成本是否正确、是否恰当计提了存货跌价损失准备

  D. 注册会计师可以通过询问管理层和相关部门员工,了解被审计单位如何收集有关滞销、过时、陈旧、毁损、残次存货的信息并为之计提必要的跌价损失准备

  10. 针对被审计单位提供的存货存放地点清单的完整性,下列注册会计师拟执行的程序中,恰当的有( )。

  A. 询问被审计单位除管理层以外的营销人员

  B. 检查被审计单位存货的出、入库单以确定是否存在被审计单位尚未告知的仓库

  C. 检查费用支出明细账中与仓库租赁相关的项目

  D. 检查被审计单位固定资产清单以了解可用于存放存货的房屋建筑物

13.2 多选题

(三)判断题

  1. 为验证财务报表上存货数量的真实性,注册会计师应当对存货的计价进行审计。( )

  2. 在对存货的计价实施细节测试之前,注册会计师通常先要了解被审计单位本年度的存货计价方法与以前年度是否保持一致。
( )

  3. 如果被审计单位编制存货货龄分析表,注册会计师可以通过审阅分析表识别滞销或陈旧的存货。( )

  4. 注册会计师应充分关注其对存货可变现净值的确定及存货跌价准备的计提。( )

  5. 针对产成品和在产品的单位成本,注册会计师需要对成本核算过程实施测试,包括直接材料成本测试、生产成本在当期完工产品与在产品之间分配的测试、直接人工成本测试、销售费用测试。
( )

  6. 审计小组于 2019 年 3 月 15 日对 R 公司的存货进行了监盘,监盘中按存货金额 15% 的比例进行了检查,结果显示检查日账实相符,据以得出 R 公司 2018 年年末存货账实相符的结论。( )

  7. 堆积型的散料存货通常既无标签又不做任何标记,监盘时估计此类存货数量相当困难,注册会计师可以考虑运用过程估测、几何测量、高空调研和信赖详细的存货记录等程序估算。( )

  8. 在对大型畜牧业企业的牲畜存栏数进行监盘时,牲畜的移动性往往使计点工作相当困难。注册会计师可以利用场地的地理位置、房屋、木架等条件,选择较高的位置进行拍照,然后利用照片进行

计点。（　　）

9. 甲公司在资产负债表日对一批账面价值为 100 万元、可变现净值为 84 万元的存货计提了跌价准备 16 万元。该批存货在资产负债表日至审计报告日期间出售了 50%，销售收入为 41 万元。助理人员确认甲公司对该批存货计提的跌价准备是合理的。（　　）

10. 尽管实施存货监盘，获取有关期末存货数量和状况的充分、适当的审计证据是注册会计师的责任，但这并不能取代被审计单位管理层定期盘点存货、合理确定存货的数量和状况的责任。（　　）

13.3　判断题

（四）简答题

ABC 会计师事务所的 A 注册会计师负责审计多家被审计单位 2020 年度财务报表。与存货审计相关的部分事项如下：

（1）受疫情影响，A 注册会计师未能在甲公司实施盘点的当日前往现场，另择日期检查了存货状况并执行了抽盘，未发现差异，结果满意。

（2）乙公司管理层采用电子磅秤称量袋装存货并记录盘点结果。A 注册会计师随机选取部分袋装存货进行重新称量，未发现差异，据此认可了盘点结果。

（3）在对丙公司存货监盘时，临近下班时间，管理层推荐以近处仓库更换原计划监盘的另一路途较远的仓库。A 注册会计师评估了更换后仓库存货余额的重要性和相关的重大错报风险，认可了丙公司的建议。

（4）A 注册会计师在对丁公司存货监盘时注意到一批积压的产品。管理层说明该产品售价预计将在 2021 年下半年回升，并提供了某独立研究机构出具的市场价格走势报告，A 注册会计师查阅了报告，据此认可了管理层对存货不计提跌价准备的处理。

（5）2020 年年末，戊公司货运车厢中存有一批原材料，金额重大。由于尚未验收办理入库，管理层未将其纳入盘点范围，A 注册会计师认可了管理层的做法。

（6）A 注册会计师在己公司盘点结束前，取得并检查了已填用、作废和未使用的盘点表单，确定已连续编号。在确定已发放的盘点表单均已收回后，A 注册会计师认可了存货盘点的汇总记录。

要求：针对上述第（1）至（6）项，逐项指出 A 注册会计师的做法是否恰当。如不恰当，简要说明理由。

13.4　简答题

（五）综合题

S 注册会计师负责对 XYZ 公司 2017 年度财务报表进行审计。XYZ 公司为玻璃制造企业，2017 年末存货余额占资产总额比重大。存货包括玻璃、煤炭、烧碱、石英砂，其中 60% 的玻璃存放在外地公用仓库。XYZ 公司对存货核算采用永续盘存制，与存货相关的内部控制比较薄弱。XYZ 公司拟于 2017 年 11 月 25 日至 27 日盘点存货，盘点工作和盘点监督工作分别由熟悉相关业务且具有独立性的人员执行。存货盘点计划的部分内容摘录如下：

（1）存货盘点范围、地点和时间安排如下表所示。

地点	存货类型	估计占存货总额的比例	盘点时间
A 仓库	烧碱、煤炭	烧碱 10%、煤炭 5%	2017 年 11 月 25 日
B 仓库	烧碱、石英砂	烧碱 10%、石英砂 10%	2017 年 11 月 26 日
C 仓库	玻璃	玻璃 26%	2017 年 11 月 27 日
外地公用仓库	玻璃	玻璃 39%	—

（2）存放在外地公用仓库存货的检查。

对存放在外地公用仓库的玻璃，检查公用仓库签收单，请公用仓库自行盘点，并提供 2017 年 11 月 27 日的盘点清单。

（3）存货数量的确定方法。

对于烧碱、煤炭和石英砂等堆积型存货，采用观察以及检查相关的收、发、存凭证和记录的方法确定存货数量；对于存放在 C 仓库的玻璃，按照包装箱标明的规格和数量进行盘点，并辅以适当的开箱检查。

（4）盘点标签的设计、使用和控制。

对存放在 C 仓库玻璃的盘点，设计预先编号的一式两联的盘点标签。使用时，由负责盘点存货的人员将一联粘贴在已盘点的存货上，另一联由其留存；盘点结束后，连同存货盘点表交存财务部门。

（5）盘点结束后，对出现盘盈或盘亏的存货，由仓库保管员将存货实物数量和仓库存货记录调节相符。

要求：

（1）针对上述存货盘点计划第（1）至第（5）项，逐项判断是否存在缺陷。如果存在缺陷，简要提出改进建议。

（2）基于 XYZ 公司存货盘点的日期是 11 月 25 日至 27 日，S 注册会计师还需要采取哪些实质性程序。（任意两条即可）

13.5 综合题

第十四章
货币资金审计

一、学习目标及要求

通过对本章的学习,学生应了解货币资金审计的作用,熟悉货币资金的内部控制,掌握对货币资金进行审计时实施的主要实质性测试程序,特别是针对库存现金和银行存款的主要实质性测试程序。

二、重要名词

1. 货币资金审计
2. 货币资金内部控制的控制测试
3. 库存现金审计
4. 存款现金的实质性测试
5. 银行存款审计
6. 银行存款的实质性测试

三、重难点问题

1. 货币资金审计涉及的主要凭证与会计记录。
2. 盘点库存现金的步骤和方法。
3. 库存现金的实质性测试和银行存款的实质性程序。
4. 函证银行存款余额的实施要点。

四、练习题

(一)单选题

1. 函证银行存款不能实现的目标是( )。
    A. 确定被审计单位银行存款使用的合法性
    B. 了解银行存款的存在
    C. 了解被审计单位欠银行债务
    D. 发现被审计单位未登记的银行借款

2. 注册会计师在对财务报表进行审计时，观察了被审计单位货币资金业务的岗位分工情况。这一程序所属的测试类型为（　　）。

　　A. 控制测试　　　　　　B. 实质性程序
　　C. 细节测试　　　　　　D. 分析程序

3. 下列对货币资金业务内部控制制度的要求中，与银行存款无直接关系的是（　　）。

　　A. 按月盘点现金，做到账实相符
　　B. 当日收入现金及时送存银行
　　C. 加强对货币资金业务的内部审计
　　D. 收支业务与记账岗位分离

4. 注册会计师执行的下列实质性程序中属于审查企业收到的现金已经全部登记入账的是（　　）。

　　A. 对库存现金执行监盘程序
　　B. 检查现金收入的日记账、总账和应收账款明细账的大额项目与异常项目
　　C. 从被审计单位当期收据存根中抽取大额现金收入，追查到相关的凭证和账簿记录
　　D. 对被审计单位结账日前一段时间内现金收支凭证进行审计，以确定是否存在应计入下期的事项

5. 针对被审计单位下列与库存现金相关的内部控制，注册会计师应提出改进建议的是（　　）。

　　A. 每日及时记录现金收入并定期向顾客寄送对账单
　　B. 担任登记现金日记账的人员负责登记现金总账
　　C. 现金折扣需经过适当审批
　　D. 每日盘点库存现金并与账面余额核对

6. 货币资金内部控制的以下关键环节中存在重大缺陷的是（　　）。

　　A. 财务专用章由专人保管，个人名章由本人或其授权人员保管
　　B. 对重要货币资金支付业务实行集体决策
　　C. 现金收入及时存入银行，特殊情况下，经主管领导审查批准方可坐支现金
　　D. 指定专人定期核对银行账户，每月核对一次，编制银行存款余额调节表，使银行存款账面余额与银行对账单调节相符

7. 下列工作中出纳可以从事的工作是（　　）。

　　A. 会计档案保管
　　B. 记录收入、支出、费用的明细账

C. 记录银行存款、现金日记账

D. 编制银行存款余额调节表

8. 如果注册会计师在资产负债表日后对库存现金进行监盘，应当根据盘点数、资产负债表日至（　　）的现金收支数，倒推计算资产负债表上所包含的库存现金数是否正确。

A. 盘点日

B. 审计报告报出日

C. 审计报告日

D. 审计工作完成日

9. 某公司的银行对账单余额为585 000元，在审查该公司编制的该账户银行存款余额调节表时，A 注册会计师注意到以下事项：该公司已收、银行尚未入账的某公司销货款100 000元；该公司已付、银行尚未入账的预付某公司材料款50 000元；银行已收、该公司尚未入账的某公司退回的押金35 000元；银行已代扣、该公司尚未入账的水电费25 000元。假定不考虑审计重要性水平，A 注册会计师审计后确认该账户的银行存款日记账余额应是（　　）元。

A. 625 000　　　　　　　B. 35 000

C. 575 000　　　　　　　D. 595 000

10. 注册会计师在对被审计单位实施风险评估程序时发现存在未经授权人员接触现金的情况，在评估重大错报风险时，应将货币资金的（　　）认定确定为重点审计领域。

A. 存在　　　　　　　　B. 完整性

C. 准确性、计价和分摊　　D. 权利和义务

11. 如果被审计单位某银行账户的银行对账单余额与银行存款日记账余额不符，最有效的审计程序是（　　）。

A. 检查该银行账户的银行存款余额调节表

B. 重新测试相关的内部控制

C. 检查银行存款日记账中记录的资产负债表日前后的收付情况

D. 检查银行对账单中记录的资产负债表日前后的收付情况

12. 下列有关注册会计师对银行存款余额调节表实施的审计程序中，不恰当的是（　　）。

A. 了解并评价银行存款余额调节表的编制和复核过程

B. 核对被审计单位银行存款日记账与银行对账单余额是否调节一致

C. 核对银行存款余额调节表中银行对账单余额是否与银行询证函回函一致

D. 检查被审计单位已收而银行未收的大额款项在资产负债

表日后银行存款日记账上的相关记录

13. 注册会计师在检查被审计单位 2020 年 12 月 31 日的银行存款余额调节表时，发现下列调节事项，其中有迹象表明性质或范围不合理的是（　　）。

  A. "银行已收、企业未收"项目包含一项 2020 年 12 月 31 日到账的应收账款，被审计单位尚未收到银行的收款通知

  B. "企业已付、银行未付"项目包含一项被审计单位于 2020 年 12 月 31 日提交的转账支付申请，用于支付被审计单位 2020 年 12 月的电费

  C. "企业已收、银行未收"项目包含一项 2020 年 12 月 30 日收到的退货款，被审计单位已将供应商提供的支票提交银行

  D. "银行已付、企业未付"项目包含一项 2020 年 11 月支付的销售返利，该笔付款已经总经理授权，但由于经办人员未提供相关单据，会计部门尚未入账

14. 下列审计程序中，通常不能为定期存款的存在认定提供可靠的审计证据的是（　　）。

  A. 函证定期存款的相关信息

  B. 对于未质押的定期存款，检查开户证实书原件

  C. 对于已质押的定期存款，检查定期存单复印件

  D. 对于在资产负债表日后已到期的定期存款，核对兑付凭证

14.1 单选题

（二）多选题

1. 为了做到银行存款在财务报表上正确截止，对于以下未达账项，在编制资产负债表时，注册会计师应当要求被审计单位调整的有（　　）。

  A. 银行已付、企业未入账的支出

  B. 银行已收、企业未入账的收入

  C. 企业已付、银行未入账的支出

  D. 企业已收、银行未入账的收入

2. 一般而言，一个良好的货币资金内部控制包括（　　）。

  A. 货币资金收支要有合理、合法的凭据

  B. 全部收支及时准确入账，并且支出要有核准手续

  C. 控制现金坐支，当日收入现金应及时送存银行

  D. 加强对货币资金收支业务的内部审计

3. 企业应当建立对货币资金业务的监督检查制度，明确监督检查机构或人员的职责权限，定期和不定期地进行检查。货币资金监督检查的内容主要包括（　　）。

  A. 检查是否存在货币资金业务不相容职务混岗的现象

B. 检查货币资金支出的授权批准手续是否健全，是否存在越权审批行为

C. 检查是否存在办理付款业务所需的全部印章交由一人保管的现象

D. 检查票据的购买、领用、保管手续是否健全，票据保管是否存在漏洞

4. 资产负债表日后盘点库存现金时，注册会计师应（　　）调整至资产负债表日的金额。

A. 扣减资产负债表日至盘点日库存现金增加额
B. 扣减资产负债表日至盘点日库存现金减少额
C. 加计资产负债表日至盘点日库存现金增加额
D. 加计资产负债表日至盘点日库存现金减少额

5. 为确定财务报表所列库存现金在资产负债表日是否存在，通常应监盘库存现金，则参与该过程的人员除注册会计师外，还应有（　　）。

A. 公司的现金出纳员　　　B. 公司的会计
C. 公司管理层　　　　　　D. 公司的会计主管

6. 注册会计师在审计 A 公司 2019 年财务报表时，监盘了 A 公司的库存现金，并负责监盘了存货。这两种程序的不同之处包括（　　）。

A. 盘点的参与人员不同
B. 监盘时间安排不同
C. 因盘点对象特点而执行的监盘方式不同
D. 监盘计划中与被审计单位管理层的沟通程度不同

7. 注册会计师寄发的银行询证函（　　）。

A. 属于积极式函证
B. 要求银行直接回函至会计师事务所
C. 以被审计单位的名义发往开户银行
D. 函证对象包括银行存款和借款余额等

8. 注册会计师在执行银行存款函证时要判断银行存款函证的内容，以下属于银行存款函证内容的有（　　）。

A. 各银行存款账户的余额　　B. 银行贷款余额
C. 银行贷款担保或抵押情况　D. 由银行托收的商业汇票

9. 下列关于货币资金内部控制的说法中正确的有（　　）。

A. 货币资金收支与记账的岗位分离
B. 货币资金收支要有合理、合法的凭据
C. 全部收支及时准确入账，并且支出要有核准手续
D. 每年年末盘点现金一次，编制银行存款余额调节表

10. 下列对函证银行存款的处理中正确的有（　　）。
    A. 注册会计师委托出纳将询证函送交银行
    B. 对存款余额为零的开户银行也进行了函证
    C. 对存款余额较小的开户行采用的是消极式函证
    D. 函证银行存款的同时，也对银行借款和借款抵押的情况进行了函证

11. 下列各项工作中，出纳人员不得从事的有（　　）。
    A. 编制银行存款余额调节表
    B. 会计档案的保管
    C. 债权债务的账目登记
    D. 登记库存现金日记账

12. 下列有关货币资金的审计中，通常属于舞弊风险的迹象的有（　　）。
    A. 银行账户开立数量与企业实际业务规模不匹配
    B. 在境外开立银行账户
    C. 存款收益金额与存款的规模明显不匹配
    D. 被审计单位资金存放于管理层或员工个人账户

13. 被审计单位下列与货币资金相关的内部控制中，存在缺陷的有（　　）。
    A. 对于审批人员超越授权范围审批的货币资金业务，经办人员先行办理后，需要及时向审批人的上级授权部门报告
    B. 不签发、取得和转让没有真实交易和债权债务的票据
    C. 出纳人员应当根据复核无误的支付申请，按规定办理货币资金支付手续，及时登记库存现金和银行存款日记账
    D. 出纳人员支付货币资金后，应及时登记应付账款明细账

14. 下列有关银行存款的实质性程序的说法中，正确的有（　　）。
    A. 如果对被审计单位银行账户的完整性存有疑虑，注册会计师应取得管理层提供的《已开立银行结算账户清单》
    B. 如果对被审计单位银行对账单的真实性存有疑虑，注册会计师可以在被审计单位的协助下亲自到银行获取银行对账单
    C. 注册会计师实施银行函证时，应当以会计师事务所的名义向银行发函询证
    D. 注册会计师可以取得并检查银行对账单和银行存款余额调节表，以证实银行存款是否存在

15. 下列各项中，注册会计师通常应纳入库存现金监盘范围的有（　　）。

A. 财务部门未存入银行的现金
B. 行政部门经管的备用金
C. 业务部门的零用金
D. 销售部门的找换金

16. 下列有关现金监盘的说法中，正确的有（   ）。
A. 现金出纳员应当参加现金盘点
B. 被审计单位会计主管人员应当参加现金盘点
C. 注册会计师可以亲自对被审计单位进行的现金进行盘点
D. 现金监盘的时间最好选择在上午上班前或下午下班后

17. 下列各项中，属于存货监盘和现金监盘相同点的有（   ）。
A. 监盘涉及多个地点的，可以考虑对于多个地点同时进行监盘
B. 监盘范围包括所有涉及存货和现金的所有地点
C. 被审计单位相关人员执行具体盘点工作，注册会计师负责监盘工作
D. 监盘程序既可以用作控制测试，也可以用于实质性程序

（三）判断题

1. 对库存现金盘点应当采取突击形式。（   ）
2. 如果现金盘点是在资产负债表日后进行的，注册会计师应当将资产负债表日至盘点日的收付金额调整到盘点日金额。（   ）
3. 审查现金收付凭证时，如果凭证上所记载的内容齐全、经济事项合法，注册会计师可以认为该凭证不会存在问题。（   ）
4. 出纳人员可以兼任现金总账登记工作，不得由一人办理货币资金业务的全过程。（   ）
5. 银行存款余额调节表应由被审计单位根据不同银行账户及货币种类分别编制。（   ）
6. 函证银行存款的唯一目的是证实银行存款是否真实存在。（   ）
7. 货币资金的支出要有合理合法的凭据，并要有核准手续。（   ）
8. 银行存款的函证一般采用否定式函证。（   ）
9. 被审计单位资产负债表上的银行存款余额应以编制的银行存款余额调节表调整后的数额为准。（   ）
10. 对于货币资金票据，应在购买、保管、领用、注销等环节，加强授权批准和职责分工等控制程序，明确责任权限。（   ）

（四）简答题

1. ABC 会计师事务所的 A 注册会计师负责审计甲公司 2021 年度财务报表。与货币资金审计相关的部分事项如下：

（1）A 注册会计师在测试甲公司与银行账户开立、变更和注销相关的内部控制时，获取了出纳编制的 2021 年度银行账户开立、变更和注销清单，从中选取样本进行测试，结果满意，据此认为该控制运行有效。

（2）A 注册会计师在向某银行乙分行函证前，从甲公司获悉，受疫情影响，乙分行无法接收函证，由该银行丙分行代为接收和处理函证。A 注册会计师因此根据该银行官网公布的丙分行地址，向丙分行进行函证，回函相符，据此认可了函证结果。

（3）甲公司银行余额调节表中存在一笔大额的企付银未付款项。A 注册会计师检查了该笔付款入账的原始凭证，结果满意，据此认可了该调节事项。

（4）A 注册会计师评估认为甲公司存在隐瞒关联方资金占用的风险。在了解了甲公司与关联方资金占用相关的内部控制后，A 注册会计师认为内部控制设计有效并得到执行，因此该风险不构成特别风险。

（5）为核实甲公司是否存在未被记录的借款及与金融机构往来的其他重要信息，A 注册会计师亲自前往金融机构获取了加盖金融机构公章的甲公司信用记录，并与甲公司会计记录、银行回函信息核对，结果满意。

要求：针对上述第（1）至（5）项，逐项指出 A 注册会计师的做法是否恰当。如不恰当，简要说明理由。

2. 甲公司是 ABC 会计师事务所的常年审计客户，A 注册会计师负责审计甲公司 2020 年度财务报表，确定财务报表整体的重要性为 300 万元。与货币资金审计相关的部分事项如下：

（1）甲公司一笔 1 000 万元的定期存款于 2021 年 1 月到期。A 注册会计师于 2020 年末检查了相关的开户证实书原件，于 2021 年 2 月检查了到期兑付的银行凭证及相关的银行对账单，据此认可了该笔定期存款的存在。

（2）A 注册会计师实施实质性分析程序发现，甲公司 2020 年度账面记录的银行存款利息收入明显少于预期值，经调查系年内向关联方借出资金、甲公司账面未作记录所致。因借出资金已于年末收回，不影响银行存款余额，A 注册会计师认为不存在错报。

（3）甲公司与其子公司、乙银行签订的集团现金管理账户协议约定，子公司银行账户余额超过 500 万元的部分自动拨入甲公司银行账户。A 注册会计师检查了相关协议，并通过函证向乙银行确认了资金归集账户的具体信息，结果满意。

（4）为验证银行对账单的真实性，A 注册会计师要求甲公司财务人员提供相关的网银记录截屏，将网银截屏信息与银行对账单信息进行了核对，结果满意。

（5）在测试银行存款余额调节表时，A 注册会计师针对企付银未付和企收银未收调节事项，分别检查了相关的付款和收款原始凭证，据此确认了调节事项的适当性。

要求：针对上述第（1）至（5）项，逐项指出 A 注册会计师的做法是否恰当。如不恰当，简要说明理由。

14.4 简答题

第十五章
完成审计工作及审计报告

一、学习目标及要求

本章主要讨论了完成审计工作和审计报告的相关知识。在完成审计工作阶段，需评价审计中的重大发现，考量新情况对审计计划和结论的影响。对发现的错报进行分类汇总，判断其是否超过重要性水平，若超过且管理层不调整，要评估对审计意见的影响。同时，严谨的审计工作底稿复核必不可少，包括项目组内复核和项目质量控制复核，保障审计质量。审计报告是审计工作的最终成果，有着重要意义。从内容构成来看，它包括标题、收件人、引言段、管理层责任段、注册会计师责任段、审计意见段等关键部分。其中，审计意见段最为核心，分为无保留意见、保留意见、否定意见和无法表示意见。本章还涉及了沟通关键审计事项的理解，强调事项段、其他事项段的区分等都是学生应掌握的知识点。通过审计报告，注册会计师向使用者传达对被审计单位财务报表的评价，为投资者、债权人等相关方决策提供重要依据。本章中的评价审计中所发现的错报和未更正的错报，评价期后事项，判断审计意见类型以及辨别关键审计事项、强调审计事项、其他审计事项是本章的重难点内容。

二、重要名词

1. 期后事项
2. 书面声明
3. 审计报告
4. 审计报告要素
5. 财务报表审计的意见类型
6. 保留意见
7. 否定意见
8. 无法表示意见
9. 关键审计事项
10. 强调事项段
11. 其他事项段
12. 持续经营假设

三、重难点问题

1. 完成审计工作阶段需要做的工作。

2. 复核审计工作底稿。
3. 注册会计师如何考虑持续经营假设对审计报告的影响。
4. 注册会计师对期后事项的责任及其对发表审计意见的影响。
5. 审计意见是如何形成的及审计意见的类型。
6. 审计报告的格式包含的要素。
7. 关键审计事项的概念。
8. 注册会计师出具无保留意见的情况，区分否定意见、保留意见和无法表示意见。
9. 注册会计师出具带强调事项段的无保留意见和带其他事项段的无保留意见的情况。

四、练习题

（一）单选题

1. 审计过程中累积的错报合计数接近确定的重要性，注册会计师的下列做法中，正确的是（　　）。

　　A. 调低重要性水平
　　B. 未超过重要性，不视为重大错报
　　C. 确定是否需要修改审计计划
　　D. 确定是否需要提请管理层更正

2. 如果管理层应注册会计师的要求，检查了某类交易、账户余额或披露并更正了已发现的错报，注册会计师的下列做法中，正确的是（　　）。

　　A. 认可管理层调整后的金额
　　B. 发表无保留意见
　　C. 实施追加的审计程序，以确定错报是否仍然存在
　　D. 将已更正错报与推断错报进行比较

3. 下列各项中，关于评价审计过程中识别出的错报的说法中，正确的是（　　）。

　　A. 注册会计师应当累积审计过程中识别出的所有错报
　　B. 除非法律法规禁止，注册会计师应当及时将审计过程中发现的所有错报与适当层级的管理层进行沟通
　　C. 注册会计师应当要求管理层更正累积的所有错报
　　D. 在评价未更正错报的影响之前，注册会计师应当重新确定重要性

4. 下列各项错报中，最可能相互抵销的是（　　）。

　　A. 甲公司的收入和费用同时存在重大高估
　　B. 应收和应付乙公司款项同时多计
　　C. 应付丙公司的款项误计入应付丁公司

D. 在建工程未在达到预定可使用状态时转入固定资产

5. 下列关于复核审计工作的说法中，正确的是（　　）。

A. 项目组内通常由经验较为丰富的项目组成员对经验较为缺乏的项目组成员的工作进行指导、监督和复核，特殊情况下也有可能相互复核

B. 项目合伙人需要复核项目组作出的重大判断

C. 项目合伙人应当复核所有审计工作底稿，项目质量复核人无须复核所有审计工作底稿

D. 所有业务都要进行项目组内部复核和项目质量复核

6. 针对期后事项，注册会计师应当主动设计和实施审计程序以识别的是（　　）。

A. 第一时段期后事项　　B. 第二时段期后事项

C. 第三时段期后事项　　D. 所有的期后事项

7. 下列有关书面声明的说法中，正确的是（　　）。

A. 书面声明提供了必要的审计证据

B. 书面声明提供了充分的审计证据

C. 书面声明提供了适当的审计证据

D. 书面声明提供了可靠的审计证据

8. 下列有关书面声明的日期和涵盖期间的说法中，错误的是（　　）。

A. 书面声明的日期应当尽量接近对财务报表出具审计报告的日期

B. 书面声明应当涵盖审计报告针对的所有财务报表和期间

C. 书面声明的日期可以与审计报告日是同一天

D. 书面声明的日期不得早于审计报告日

9. 如果书面声明与其他审计证据不一致，下列相关说法中，错误的是（　　）。

A. 注册会计师可能需要考虑风险评估结果是否仍然适当

B. 注册会计师应当实施审计程序以设法解决不一致的情况

C. 提请管理层修改书面声明

D. 重新考虑管理层是否诚信

10. 下列有关关键审计事项的说法中，错误的是（　　）。

A. 关键审计事项是已在财务报表中恰当列报或披露的事项，且根据注册会计师的职业判断，该事项对财务报表使用者理解财务报表至关重要

B. 在审计报告中沟通关键审计事项不是注册会计师就单一事项单独发表意见

C. 关键审计事项可能并非只有一项

D. 关键审计事项并非越多越好

11. 如果注册会计师根据被审计单位和审计业务的具体事项和情况，确定仅有的关键审计事项是导致保留意见的事项，注册会计师在审计报告中单设的关键审计事项部分对此进行说明，表述为（　　）。
    A. "我们确定不存在需要在审计报告中沟通的关键审计事项"
    B. "我们确定下列需要在审计报告中沟通的关键审计事项"
    C. "除形成保留意见的基础部分所描述的事项外，我们确定不存在其他需要在审计报告中沟通的关键审计事项"
    D. "除形成保留意见的基础部分所描述的事项外，我们确定下列事项是需要在审计报告中沟通的关键审计事项"

12. 下列有关强调事项段的表述中，正确的是（　　）。
    A. 强调事项段中的事项应当已在财务报表中恰当列报或披露
    B. 强调事项段中的事项对财务报表使用者理解审计工作至关重要
    C. 强调事项段中的事项可能明确提及被强调事项以及相关披露的位置
    D. 强调事项段应当包含在所有审计报告中

13. 某事项同时符合强调事项和关键审计事项的含义，均满意解决，下列说法中，正确的是（　　）。
    A. 该事项仅在关键审计事项部分进行描述
    B. 该事项仅在强调事项段进行描述
    C. 该事项可能在强调事项段或者关键审计事项部分进行描述
    D. 该事项同时在强调事项段和关键审计事项部分进行描述

14. 下列有关其他事项段的说法中，错误的是（　　）。
    A. 该段落提及未在财务报表中列报或披露的事项
    B. 其他事项段中的事项对财务报表使用者理解财务报表至关重要
    C. 其他事项段中的事项不能确定为在审计报告中沟通的关键审计事项
    D. 其他事项段中的事项与财务报表使用者理解审计工作、注册会计师的责任或审计报告相关

15. 下列关于审计报告特征的说法中错误的是（　　）。
    A. 审计报告是注册会计师根据审计准则的规定制定的
    B. 审计报告需要在执行审计工作的基础上出具
    C. 注册会计师通过对财务报表发表意见履行业务约定书的责任
    D. 审计报告可以是电子形式的

16. 下列关于审计报告的说法中正确的是（　　）。

15.1 单选题

A. 注册会计师应当根据由审计证据得出的结论，清楚表达对财务报表的意见

B. 注册会计师在审计报告上签名并盖章并不表明对其出具的审计报告负责

C. 审计报告是注册会计师对财务报表在所有重大方面按照财务报告编制基础编制并实现公允反映发表审计意见的书面文件

D. 已审财务报表无须附在审计报告之后，两者应分别报出

（二）多选题

1. 在评价未更正错报的影响之前，注册会计师对重要性进行重新评估导致需要确定较低的金额，则应重新考虑（　　）的适当性。

　　A. 实际执行的重要性

　　B. 进一步审计程序的性质、时间安排和范围

　　C. 审计意见

　　D. 书面声明

2. 注册会计师在确定未更正错报单独或汇总起来是否重大时，应当考虑（　　）。

　　A. 错报的金额

　　B. 错报发生的特定环境

　　C. 错报的性质

　　D. 与以前期间相关的未更正错报

3. 下列有关沟通未更正错报的说法中，正确的有（　　）。

　　A. 除非法律法规禁止，注册会计师应当与管理层或治理层沟通未更正错报

　　B. 在沟通时，注册会计师应当逐项指明重大的未更正错报

　　C. 如果存在大量单项不重大的未更正错报，注册会计师可能就未更正错报的笔数和总金额的影响进行沟通

　　D. 沟通的错报不包括以前期间相关的未更正错报

4. 下列有关完成审计工作阶段的说法中，正确的有（　　）。

　　A. 未更正错报单独或汇总起来对财务报表整体的影响不重大，注册会计师因此未要求管理层提供相关书面声明

　　B. 在临近审计结束时，注册会计师应当运用分析程序，以确定财务报表是否与其对被审计单位的了解一致

　　C. 注册会计师在此阶段应当关注期后事项对财务报表的影响

　　D. 复核审计工作底稿是审计完成阶段的工作

5. 项目合伙人复核的审计工作底稿包括（　　）。

　　A. 重大事项相关的工作底稿

　　B. 审计中遇到的困难相关的工作底稿

C. 与有争议事项相关的判断的工作底稿
D. 根据项目合伙人的职业判断，与项目合伙人的职责有关的其他事项的工作底稿

6. 下列各项中，属于财务报表日后调整事项的有（　　）。
   A. 财务报表日被审计单位认为可以收回的大额应收款项，因财务报表日后债务人突然破产而无法收回
   B. 财务报表日后进一步确定了财务报表日前购入资产的成本
   C. 财务报表日后发生重大诉讼
   D. 财务报表日后发现了财务报表存在的舞弊或差错

7. 下列关于财务报表审计的关键日期的说法中，正确的有（　　）。
   A. 财务报表批准日是指构成整套财务报表的所有报表（含披露）已编制完成，并且被审计单位的董事会、管理层或类似机构已经认可其对财务报表负责的日期
   B. 实务中，审计报告日与财务报表批准日通常是同一天
   C. 审计报告日不得晚于财务报表批准日
   D. 审计报告日应当是注册会计师获取充分、适当的审计证据，并在此基础上对财务报表形成审计意见的日期

8. 注册会计师针对第一时段期后事项应当实施的程序包括（　　）。
   A. 了解管理层为确保识别期后事项而建立的程序
   B. 询问管理层和治理层（如适用），确定是否已发生可能影响财务报表的期后事项
   C. 查阅被审计单位的所有者、管理层和治理层在财务报表日后举行会议的纪要，在不能获取会议纪要的情况下，询问此类会议讨论的事项
   D. 查阅被审计单位在财务报表日后最近期间内的预算、现金流量预测和其他相关的管理报告

9. 注册会计师在审计报告日后至财务报表报出日前知悉某项未决诉讼在审计报告日前法院已经判决，且若在审计报告日知悉可能导致修改审计报告，下列说法中，正确的有（　　）。
   A. 如果管理层不修改财务报表，注册会计师应当发表非无保留意见
   B. 如果管理层不修改财务报表，注册会计师应当拒绝提交审计报告
   C. 如果管理层修改财务报表，注册会计师应当根据具体情况对有关修改实施必要的审计程序
   D. 如果管理层修改财务报表，注册会计师应当将用以识别期

后事项的审计程序延伸至新的审计报告日

10. 下列有关书面声明的情形中，会导致注册会计师发表无法表示意见的有（　　）。

　　A. 针对财务报表的编制，管理层不提供确认其根据审计业务约定条款，履行了按照适用的财务报告编制基础编制财务报表并使其实现公允反映（如适用）的责任的书面声明

　　B. 注册会计师对管理层的诚信产生重大疑虑，以至于认为其针对管理层责任作出的书面声明不可靠

　　C. 不提供所有交易均已记录并反映在财务报表中的书面声明

　　D. 不提供在作出会计估计和相关披露时使用适当的方法、重大假设和数据的书面声明

11. 在审计报告中沟通关键审计事项有助于（　　）。

　　A. 财务报表预期使用者了解被审计单位，以及已审计财务报表中涉及重大管理层判断的领域

　　B. 提高已执行审计工作的透明度，增加审计报告的沟通价值

　　C. 财务报表预期使用者了解注册会计师根据职业判断认为对本期财务报表审计最为重要的事项

　　D. 财务报表预期使用者了解对关键审计事项形成的意见类型

12. 注册会计师在描述单一关键审计事项时应当（　　）。

　　A. 分别索引至财务报表的相关披露（如有）

　　B. 说明该事项被确定为关键审计事项的原因

　　C. 说明该事项在审计中是如何应对的

　　D. 提供有关被审计单位的原始信息

13. 针对关键审计事项的下列情形，注册会计师应当在审计工作底稿中记录的事项有（　　）。

　　A. 注册会计师确定的在执行审计工作时重点关注过的事项

　　B. 注册会计师确定不存在需要在审计报告中沟通的关键审计事项的理由（如适用）

　　C. 注册会计师确定不在审计报告中沟通某项关键审计事项的理由（如适用）

　　D. 仅需要沟通的关键审计事项是导致非无保留意见的事项（如适用）

14. 下列各项中，通常对财务报表产生广泛影响的有（　　）。

　　A. 注册会计师无法对被审计单位某一重要子公司的财务信息执行审计工作，因而无法就被审计单位合并财务报表中与该子公司有关的项目获取充分、适当的审计证据

　　B. 注册会计师新承接的某生产制造业审计客户与存货相关

的会计记录和物流记录不完整、不准确，注册会计师因此无法就期末和期初存货余额以及当期的存货增减变动情况获取充分、适当的审计证据

C. 被审计单位处于筹建期，其年末账面资产余额的70%为在建工程，注册会计师无法就年末在建工程余额获取充分、适当的审计证据

D. 注册会计师认为可能导致对被审计单位持续经营能力产生重大疑虑的事项或情况存在重大不确定性，且该公司正考虑申请破产，管理层在财务报表中遗漏了与重大不确定性相关的必要披露

15. 下列各项中，可能导致注册会计师无法获取充分、适当的审计证据的有（   ）。

A. 重要组成部分的会计记录已被政府有关机构无限期地查封

B. 注册会计师接受审计委托的时间安排，使注册会计师无法实施存货监盘

C. 注册会计师确定仅实施实质性程序是不充分的，但被审计单位的控制是无效的

D. 财务报表没有按照公允反映的方式列报交易和事项

16. 下列各项中，可能表明财务报表存在重大错报的情形包括（   ）。

A. 被审计单位的法定代表人（已失联）违规以被审计单位名义为一些关联公司和外部单位提供了大量担保，导致被审计单位因多个债务人逾期未还款而被起诉，被审计单位管理层无法确定是否还存在其他未知的违规担保事项

B. 被审计单位由于关联方交易的转移定价问题受到税务机关的稽查，管理层没有计提可能需要补缴的税款。注册会计师在税务专家的协助下评估了补缴税款的可能性，并对可能需要补缴的税款作出了区间估计，据此提出了审计调整。被审计单位管理层以税务稽查结果存在重大不确定性、无法可靠估计为由拒绝接受调整建议

C. 管理层没有按照适用的财务报告编制基础的要求一贯运用所选择的会计政策

D. 选择的会计政策与适用的财务报告编制基础不一致

17. A注册会计师在对甲公司2023年度财务报表进行审计时，下列情况中，注册会计师应当出具带强调事项段的审计报告的有（   ）。

A. 法律法规规定的财务报告编制基础不可接受，但其是基

于法律或法规作出的规定

B. 提醒财务报表使用者注意财务报表按照特殊目的编制基础编制

C. 注册会计师不能解除业务约定，解释为何不能解除业务约定

D. 说明审计报告只是提供给特定财务报表预期使用者

18. 注册会计师在审计报告中增加的强调事项段不能代替（　　）。

A. 发表非无保留意见

B. 按照适用的财务报告编制基础要求在财务报表中作出的披露

C. 关键审计事项

D. 可能导致对被审计单位持续经营能力产生重大疑虑的事项或情况存在重大不确定性时作出的报告

19. 下列各项中，属于关键审计事项和强调事项的共同点的有（　　）。

A. 均已恰当列报或披露

B. 均不能代替按照审计业务的具体情况发表的非无保留意见

C. 均从与治理层沟通的事项中进行选择

D. 均不影响审计意见类型

20. 下列有关审计报告的作用的说法中正确的有（　　）。

A. 对被审计单位财务报表的合法性、公允性发表意见

B. 提高或降低财务报表使用者对财务报表的信赖程度

C. 对审计工作质量和注册会计师的审计责任进行证明

D. 为财务报表使用者利用被审计单位的财务信息提供建议

15.2　多选题

（三）判断题

1. 鉴于管理层更正错报的可能性较低，注册会计师直接考虑已发现错报对审计结论的影响。（　　）

2. 收入的高估与费用的高估可以抵销，但收入的高估与收入的低估不可以抵销。（　　）

3. 注册会计师最终所作的审计差异调整并非由单方面决定，而是需要征求被审计单位的意见。（　　）

4. 由于后期事项是在期后发生的，不会影响审计报告的意见类型。（　　）

5. 项目质量复核是在项目组完成审计工作并出具审计报告前实施的。（　　）

6. 审计人员应当针对审计过程中发现的重大事项向治理层出具

书面沟通函,并将沟通的事项记录于工作底稿。   (   )
7. 形成审计意见基础应该紧接着审计意见部分之后。   (   )
8. 审计报告的收件人一般为被审计单位管理层。   (   )
9. 未和治理层沟通过的事项也可以作为关键审计事项。 (   )
10. 无论被审计单位失去了主要供应商、人力资源,还是主要的原材料,都可能导致注册会计师对其持续经营能力产生疑虑。
                                                   (   )

15.3 判断题

(四) 简答题

1. ABC 会计师事务所的 A 注册会计师负责审计多家上市公司 2021 年度财务报表,遇到下列与审计报告相关的事项:

(1) A 注册会计师认为甲公司的商誉减值事项存在特别风险,经审计未发现重大错报。在将商誉减值事项作为审计中最为重要的事项与甲公司管理层进行了沟通后,A 注册会计师将该事项作为审计报告中的关键审计事项,在审计应对部分说明了实施的审计程序和结果,并对商誉减值准备的计提是否符合企业会计准则发表了意见。

(2) 2021 年,乙公司一项大额应收款项的债务人申请破产清算。乙公司管理层认为损失金额无法可靠计量,未对该应收款项计提减值准备。A 注册会计师与破产管理人沟通后认为该应收款项存在重大减值损失,因最终清偿金额难以准确估计,以审计范围受限为由对乙公司 2021 年度财务报表发表了保留意见。

(3) 因丙公司出现债务逾期,管理层在财务报表中披露了导致对持续经营能力产生重大疑虑的事项、未来的应对计划,以及这些事项存在重大不确定性。A 注册会计师评价认为丙公司运用持续经营假设适当,且财务报表中的披露充分、恰当,因该披露事项对财务报表使用者理解财务报表至关重要,在审计报告中增加强调事项段说明了该事项。

(4) 2022 年初,丁公司管理层发生变动,新任管理层拒绝更正 A 注册会计师识别出的一项重大错报,也未就 2021 年度财务报表提供书面声明。A 注册会计师以管理层未提供书面声明为由,对丁公司财务报表发表了无法表示意见,考虑到该未更正错报重大但不具有广泛性,不是导致发表无法表示意见的事项,因此未在审计报告中提及该错报。

(5) 由于戊公司存在与持续经营相关的多个不确定事项,A 注册会计师对戊公司 2021 年度财务报表发表了无法表示意见,并在其他信息部分指出,其他信息中的金额和其他项目因导致对财务报表发表无法表示意见的事项可能存在重大错报。

要求:针对上述第 (1) 至 (5) 项,逐项指出 A 注册会计师的做法是否恰当。如不恰当,简要说明理由。

2. ABC 会计师事务所的 A 注册会计师负责审计甲集团公司 2019 年财务报表审计工作，A 注册会计师在审计工作底稿中记录了处理错报的相关情况，部分内容摘录如下：

（1）2019 年，甲集团公司推出销售返利制度，并在企业资源计划（ERP）系统中开发了返利管理模块。A 注册会计师在对某组成部分执行审计时发现，因系统参数设置有误，导致选取的测试项目少计返利 2 万元。A 注册会计师认为该错报低于集团财务报表明显微小错报的临界值，可忽略不计。

（2）A 注册会计师发现甲集团公司销售副总经理挪用客户回款 50 万元，就该事项与总经理和治理层进行了沟通。因管理层已同意调整该错报并对相关内部控制缺陷进行整改，A 注册会计师未再执行其他审计工作。

（3）A 注册会计师使用审计抽样对管理费用进行了测试，发现测试样本存在 20 万元的错报，A 注册会计师认为该错报不重大，同意管理层不予调整。

（4）2019 年 10 月，甲集团公司账面余额 1 200 万元的一条新建生产线达到预定可使用状态。截至 2019 年年末，因未办理竣工决算，该生产线尚未转入固定资产。A 注册会计师认为该错报为分类错误，涉及折旧金额很小，不构成重大错报，同意管理层不予调整。

要求：针对上述第（1）至（4）项，假定不考虑其他条件，逐项指出 A 注册会计师的做法是否恰当。如不恰当，简要说明理由并提出改进建议。请填写表 15 – 1。

表 15 – 1　　　　　　　　改进意见表

事项序号	是否恰当（是/否）	理由及改进意见
（1）		
（2）		
（3）		
（4）		

3. 大华会计师事务所于 2015 年 12 月 30 日接受了 ABC 股份有限公司（以下简称"ABC 公司"）的审计委托，该公司注册资本为 2 000 万元，审计前会计报表的资产总额为 5 000 万元；大华会计师事务所委派该所注册会计师 A 和 B 共同承担 ABC 公司的审计业务。他们在计划阶段确定的重要性水平为 90 万元，而在完成阶段确定的重要性水平为 100 万元。注册会计师 A 和 B 于 2016 年 2 月 15 日完成了对 ABC 公司 2015 年 12 月 31 日资产负债表及该年度的利润表、现

金流量表的外勤审计工作，在复核工作底稿时，发现以下需要考虑的事项：

（1）由于该公司一幢建于1970年、原值200万元、预计使用年限为50年、已提折旧136万元的办公大楼因为未经核实的原因出现裂缝，经过专家鉴定后将预计使用年限改为40年，决定从2015年起改变年折旧率，该公司已在2015年年末报表中做相应披露。

（2）该公司在国外一家联营企业内据称有675 000元的长期投资，投资收益为365 000元，这些金额已列入2015年的净收益中，但注册会计师A和B未能取得上述联营企业经审计的会计报表。受该公司记录性质的限制，注册会计师A和B也未能采取其他程序查明此项长期投资和投资收益的金额是否属实。

（3）该公司全部存货占资产总额的50%以上，放置于邻近单位仓库内。由于此仓库倒塌尚未清理完毕，注册会计师A和B不仅无法估计损失，也无法实施监盘程序。

（4）由于存货使用受到仓库倒塌的限制，该公司正常业务受到严重影响，因此无力支付2016年4月10日即将到期的150万元债务。这一情况已在财务报表附注中进行了充分、适当的披露。

（5）2015年11月，ABC公司被控侵犯专利权，对方要求收取专利权费及罚款200万元，ABC公司已提出辩护。此案正在审理之中，最终结果无法确定。

（6）由于财务困难，ABC公司没有预付下年度的15万元广告费。

（7）注册会计师A和B从ABC公司职员处了解到，该公司在2016年5月将进行大规模人事变动。

要求：逐一分析上述七种情况，分别对每种情况指出应出具的审计报告类型，并简要说明理由，将答案填入表15-2。

表15-2　　　　　　　审计意见类型表

标号	审计报告类型	简明原因
（1）		
（2）		
（3）		
（4）		
（5）		
（6）		
（7）		

15.4　简答题

(五) 案例题

材料一：2021年，某国证券交易所对 XYZ 股份有限公司年报进行问询，内容聚焦审计调整。XYZ 公司年报显示，公司自 2020 年 1 月 1 日起执行新收入准则，对 2020 年期初合并报表部分科目进行了调整，相关项目数据与公司 2020 年一季度报告、2020 年半年度报告披露的数据存在差异。该问询函要求该公司结合新收入准则的相关要求，说明一年内三次调整财务报表期初数据的具体原因，并逐项说明年度报告期初数调整与半年度报告、一季度报告存在差异的原因。该公司的回复是，公司自 2020 年 1 月 1 日起执行新收入准则，基于谨慎性原则，与聘请的会计师对由于采纳新收入准则对期初余额的调整执行了商定程序，结合会计师意见进行了调整（见表 15-3）。部分调整项目的具体原因如下：

存货：一季报针对不满足在新收入准则下在某一时段内确认收入的定制软件开发合同，将相应的合同履约成本调整至其他非流动资产核算，咨询会计师意见后，合同履约成本属于在一个正常营业周期内变现的资产，符合流动资产定义，在半年报调整至存货项目核算。此外，由于年报、半年报进一步调整了累计确认的收入和应收账款，相应对营业成本和存货作了进一步调整。

合同资产、其他非流动资产：定制软件开发合同通常存在验收后仍需要提供免费维护服务等的条款，合同尾款将在免费维护期结束后收取，半年报根据新收入准则将相应的合同尾款及坏账准备重分类至合同资产。年报根据年审会计师意见，将剩余免维期超过一年的合同资产重分类至其他非流动资产列报。

调整表（部分）如表 15-3 所示。

表 15-3　　　　　　　　　　　调整表（部分）

序号	调整项目	调整金额（万元）
（1）	应收账款	53 643.27
（2）	合同资产	4 065.1
（3）	存货	33 403.99
（4）	递延所得税资产	5 127.08
（5）	预收账款	-3 459.89
（6）	合同负债	35 267.31
（7）	未分配利润	-40 653.51

材料二：2020 年 3 月 4 日，某省证券监督机构对 ABC 会计师事务所（特殊普通合伙）及其两名注册会计师出具警示函，发现该事

务所在 S 公司 2018 年年报审计项目中，商誉减值审计程序的质量控制复核流于形式。质量控制复核人员在对商誉减值项目是否对不包含商誉的资产组组合进行减值测试复核时，仅依赖于项目组已按相关规定实施的书面回复，未复核相关底稿。项目组实际并未实施这一审计程序，质量控制复核人员亦未对公司商誉资产组范围进行复核。上述行为不符合《中国注册会计师审计准则第 1121 号——对财务报表审计实施的质量控制》第三十四条的规定。

材料三：2020 年 11 月 9 日，某市证券监督机构对 H 会计师事务所（特殊普通合伙）发出《行政处罚决定书》，认为 H 会计师事务所审计的 R 公司 2017 年度财务报表被检查出其所出具的《审计报告》存在重大虚假记载和遗漏。"《审计报告》出具前，R 公司发布的《关于控股股东股份被轮候冻结的公告》（公告编号：临 2018 – 014）显示，R 公司及其子公司 E 公司等为民间借贷纠纷的诉讼被告，H 会计师事务所在询问 R 公司财务总监刘某和 R 公司实际控制人左某波，并核对 R 公司银行流水后，即认为公告涉及诉讼事项与 R 公司无关。该审计行为对该期后诉讼事项未保持充分的职业怀疑，未执行进一步审计程序确认涉诉借款事项与 R 公司是否有关，导致未能发现 2017 年度 R 公司控股股东非经营性资金占用情况，未能发现 R 公司 2017 年度财务报表存在错报，其出具的《审计报告》《专项说明》存在虚假记载和重大遗漏。大华所的上述行为不符合《中国注册会计师鉴证业务基本准则》第二十八条、第三十条，《中国注册会计师审计准则第 1301 号——审计证据》第九条、第十条，《中国注册会计师审计准则第 1332 号——期后事项》第八条、第九条，《中国注册会计师审计准则第 1311 号——对存货、诉讼和索赔、分部信息等特定项目获取审计证据的具体考虑》第九条、第十条的规定。"

材料四：2021 年 3 月 30 日，T 会计师事务所（特殊普通合伙）被检查出对其所执业的 G 公司 2019 年财务报表审计及内部控制审计项目存在获取管理层声明书内容不完整的问题。原文如下："你们就 ST 公司对外担保及未决诉讼情况获取的企业关于内部控制的书面声明内容不完整。你们在审计过程中获取了管理层声明，但上述声明未能完全包含《内部控制审计指引》（财会〔2010〕11 号）要求的具体内容。以上情形不符合《企业内部控制审计指引》（财会〔2010〕11 号）第二十三条的规定。"

请结合本章所学知识回答以下问题：

1. 材料一中的审计调整针对的是哪一类型的审计差异？该类审计差异应该如何调整？

2. 材料二中的复核属于第几级复核？在该类复核下，复核人员应满足什么特征与条件？在复核时应该注意哪些问题？

3. 材料三中，H会计师事务所未能发现的期后诉讼事项属于哪一时段的期后事项？H会计师事务所相应地应承担什么责任？针对该时段的期后事项应该执行哪些审计程序？

4. 针对材料四中获取的管理层书面声明应包括哪些内容？管理层书面声明能否直接当作审计证据？请阐述理由。

本书参考文献

1. 傅胜，曲明．审计习题与案例［M］．大连：东北财经大学出版社，2017．
2. 陈汉文，杨道广，董望．审计学习指导用书［M］．北京：中国人民大学出版社，2022．
3. 佟雪欣，东奥会计在线．2024年注册会计师考试三步速刷：大题库．审计［M］．北京：北京科学技术出版社，2024．
4. 中国注册会计师协会．审计［M］．北京：中国财政经济出版社，2024．
5. 中国注册会计师协会．中国注册会计师执业准则应用指南2023［M］．北京：中国财政经济出版社，2023．